D0765061

ŒUVRES DES MÊMES AUTEURS

JEAN BERNABÉ

MATINOIA, *poésie (oratorio créole à trois voix), Revue* Europe, 1980.

FONDAL-NATAL, *Grammaire basilectale approchée des créoles guadeloupéens et martiniquais, Éd. L'Harmattan, 1983, 3 vol.*

GRAMMAIRE CRÉOLE (FONDAS KRÉYOL-LA), *éléments de base des créoles de la zone américano-caraïbe, Éd. L'Harmattan, 1987.*

Une soixantaine d'articles dans diverses revues locales et internationales sociolinguistiques, sociolittéraires et socioculturelles.

ÉLOGE DE LA CRÉOLITÉ, avec Patrick Chamoiseau et Raphaël Confiant, *essai,* 1989.

ÉLOGE DE LA CRÉOLITÉ / *IN PRAISE OF CREOLENESS,* avec Patrick Chamoiseau et Raphaël Confiant, *essai,* 1993. Édition bilingue.

PATRICK CHAMOISEAU

Aux Éditions Gallimard

CHRONIQUE DES SEPT MISÈRES, *roman,* 1986. *Prix Kléber Haedens, prix de l'île Maurice* (« Folio », n° *1965*).

SOLIBO MAGNIFIQUE, *roman,* 1988 (« Folio », n° *2277*).

TEXACO, *roman,* 1992. *Prix Goncourt* (« Folio », n° *2634*).

ANTAN D'ENFANCE, 1993. *Éd. Hatier,* 1990. *Grand prix Carbet de la Caraïbe.*

ÉCRIRE *LA PAROLE DE NUIT.* LA NOUVELLE LITTÉRATURE ANTILLAISE, *en collaboration,* 1994 (« Folio Essais », n° *239*).

CHEMIN-D'ÉCOLE.

UNE ENFANCE CRÉOLE, *tome 1 et 2* (« Folio », n° *2843 et 2844*).

L'ESCLAVE VIEIL HOMME ET LE MOLOSSE, *roman,* 1997 (« Folio », n° *3184*).

ÉCRIRE EN PAYS DOMINÉ, *essai,* 1997.

ELMIRE DES SEPT BONHEURS. Confidence d'un vieux travailleur de la distillerie Saint-Étienne, 1998.

Suite de la bibliographie en fin de volume

ÉLOGE DE LA CRÉOLITÉ
IN PRAISE OF CREOLENESS

Jean Bernabé
Patrick Chamoiseau
Raphaël Confiant

Éloge
de la Créolité

Édition bilingue français / anglais
Texte traduit par
M.B. Taleb-Khyar

nrf

GALLIMARD

La traduction anglaise de l'ouvrage par M.B. Taleb-Khyar a paru pour la première fois en 1990 dans la revue Callaloo – A Journal of African American and African Arts and Letters *(n° 13)* – University of Virginia Charlottesville – *U.S.A. Elle est reproduite ici avec l'autorisation de* The Johns Hopkins University Press – Baltimore – U.S.A.

Pour
AIMÉ CÉSAIRE
Pour
ÉDOUARD GLISSANT
ba
FRANKÉTYÈN

C'est par la différence et dans le divers que s'exalte
l'Existence.
Le Divers décroît.
C'est là le grand danger.

V. SEGALEN

La sommer libre enfin
de produire de son intimité close
la succulence des fruits.

A. CÉSAIRE

Ne soyez pas les mendiants de l'Univers
quand les tambours établissent le dénouement

E. GLISSANT

Une tâche colossale que l'inventaire du réel!

F. FANON

PROLOGUE

Ni Européens, ni Africains, ni Asiatiques, nous nous proclamons Créoles. Cela sera pour nous une attitude intérieure, mieux : une vigilance, ou mieux encore, une sorte d'enveloppe mentale au mitan de laquelle se bâtira notre monde en pleine conscience du monde. Ces paroles que nous vous transmettons ne relèvent pas de la théorie, ni de principes savants. Elles branchent au témoignage. Elles procèdent d'une expérience stérile que nous avons connue avant de nous attacher à réenclencher notre potentiel créatif, et de mettre en branle l'expression de ce que nous sommes. Elles ne s'adressent pas aux seuls écrivains, mais à tout concepteur de notre espace (l'archipel et ses contreforts de terre ferme, les immensités continentales), dans quelque discipline que ce soit, en quête douloureuse d'une pensée plus fertile, d'une expression plus juste, d'une esthétique plus vraie. Puisse ce positionnement leur servir comme il nous sert. Puisse-t-il participer à l'émergence, ici et là, de verticalités qui se soutiendraient de l'identité créole tout en élucidant cette dernière, nous ouvrant, de ce fait, les tracés du monde et de la liberté.

La littérature antillaise n'existe pas encore. Nous sommes encore dans un état de prélittérature : celui d'une production écrite sans audience chez elle, méconnaissant l'interaction auteurs/lecteurs où s'élabore une littérature. Cet état n'est pas imputable à la seule domination politique, il s'explique aussi par le fait que notre vérité s'est trouvée mise sous verrous, à l'en-bas du plus profond de nous-mêmes, étrangère à notre conscience et à la lecture librement artistique du monde dans lequel nous vivons. Nous sommes fondamentalement frappés d'extériorité. Cela depuis les temps de l'antan jusqu'au jour d'aujourd'hui. Nous avons vu le monde à travers le filtre des valeurs occidentales, et notre fondement s'est trouvé « exotisé » par la vision française que nous avons dû adopter. Condition terrible que celle de percevoir son architecture intérieure, son monde, les instants de ses jours, ses valeurs propres, avec le regard de l'Autre. Surdéterminés tout du long, en histoire, en pensées, en vie quotidienne, en idéaux (même progressistes), dans une attrape de dépendance culturelle, de dépendance politique, de dépendance économique, nous avons été déportés de nous-mêmes à chaque pan de notre histoire scripturale. Cela détermina une écriture pour l'Autre, une écriture empruntée, ancrée dans les valeurs françaises, ou en tout cas hors de cette terre, et qui, en dépit de certains aspects positifs, n'a fait qu'entretenir dans nos esprits la domination d'un ailleurs... D'un ailleurs parfaitement noble, bien entendu, minerai idéal vers lequel tendre, au nom duquel briser la gangue de ce que nous étions. Toutefois, contre une appréciation polémique, partisane, anachronique de l'Histoire,

14

nous voulons réexaminer les termes de ce réquisitoire et promouvoir des hommes et des faits de notre continuum scriptural, une intelligence vraie. Ni complaisante ni complice, mais solidaire.

VERS LA VISION INTÉRIEURE ET L'ACCEPTATION DE SOI

Dans les premiers temps de notre écriture, cette extériorité provoqua une expression mimétique, tant en langue française qu'en langue créole. Indéniablement, nous eûmes nos horlogers du sonnet et de l'alexandrin. Nous eûmes nos fabulistes, nos romantiques, nos parnassiens, nos néo-parnassiens, sans même parler des symbolistes. Nos poètes s'enivraient en dérive bucolique, enchantés de muses grecques, fignolant les larmes d'encre d'un amour non partagé pour des Vénus olympiennes. Il y avait là, hurlèrent non sans raison les censeurs, plus qu'un brocantage culturel : l'acquisition quasi totale d'une identité autre. Ces zombis furent évincés par ceux qui voulaient s'inscrire dans leur biotope maternel. Ceux qui plantèrent les yeux sur eux-mêmes et notre environnement, mais là aussi en forte extériorité, avec les yeux de l'Autre. Ils virent de leur être ce qu'en voyait la France à travers ses prêtres-voyageurs, ses chroniqueurs, ses peintres ou poètes de passage, ou par ses grands touristes. Entre ciel bleu et cocotiers, fleurit une écriture paradisiaque, d'abord bon enfant puis critique à la manière des indigénistes du pays d'Haïti. On chanta la coloration culturelle de l'ici dans une scription qui désertait la totalité, les vérités alors dévalorisées de ce que nous étions. Ce fut, désespérément, aux yeux des appréciations militantes postérieures, une écriture régionale, dite doudouiste, donc pelliculaire : autre manière d'être extérieure. Pourtant, à y regarder de près, comme s'y est d'ailleurs appliqué Jack Corzani dans son *Histoire de la littérature des Antilles-Guyane* *, cette écriture *(de René Bonneville à Daniel Thaly, de Victor Duquesnay à Salavina, de Gilbert de Chambertrand à Jean Galmot, de Léon Belmont à Xavier Eyma, d'Emmanuel Flavia-Léopold à André Thomarel, d'Auguste Joyau à Paul Baudot, de Clément Richer à Raphaël Tardon, de Mayotte Capécia à Marie-Magdeleine Carbet...)* préserva charge de mèches susceptibles de porter étincelles à nos obscurités. La meilleure preuve est celle que nous fournit l'écrivain martiniquais Gilbert Gratiant, de par son monumental ouvrage créole : *Fab Compè Zicaque* **. Visionnaire de notre authenticité, il situa d'emblée son expression scripturale sur les pôles des deux langues et des deux cultures, française, créole, qui aimantaient alors à hue et à dia les boussoles de notre conscience. Et s'il fut victime, à bien des égards, de l'inévitable extériorité, il n'en demeure pas moins que *Fab Compè Zicaque* est une extraordinaire investigation du lexique, des tournures, des proverbes, de la mentalité, de la sensibilité, en un mot, de l'intelligence de cette entité culturelle dans laquelle nous tentons aujourd'hui une plongée salutaire. Nous nommons Gilbert Gratiant et bien des écrivains

* Éditions Désormeaux, 1978.
** Éditions Horizons Caraïbes, 1958.

16

de cette époque précieux conservateurs (souvent à leur insu) des pierres, des statues brisées, des poteries défaites, des dessins égarés, des silhouettes déformées : de cette ville ruinée qu'est notre fondement. Sans tous ces écrivains-là, il eût fallu effectuer ce retour « *au Pays Natal* » sans balises ni appuis, sans même de ces lucioles éparses qui dans les nuits bleutées guident l'âpre espoir des voyageurs perdus. Et nous soupçonnons que tous, et Gilbert Gratiant plus encore, saisirent suffisamment de notre réalité pour créer les conditions d'émergence d'un phénomène multidimensionnel qui (totalement, donc de manière injuste, comminatoire mais nécessaire, et sur plusieurs générations) allait les éclipser : *la Négritude*.

À un monde totalement raciste, automutilé par ses chirurgies coloniales, Aimé Césaire restitua l'Afrique mère, l'Afrique matrice, la civilisation nègre. Au pays, il dénonça les dominations et son écriture, engagée, prenant son allant dans les modes de la guerre, il porta des coups sévères aux pesanteurs post-esclavagistes. La Négritude césairienne a engendré l'adéquation de la société créole, à une plus juste conscience d'elle-même. En lui restaurant sa dimension africaine, elle a mis fin à l'amputation qui générait un peu de la superficialité de l'écriture par elle baptisée doudouiste.

Nous voilà sommés d'affranchir Aimé Césaire de l'accusation – aux relents œdipiens – d'hostilité à la langue créole. Comprendre pourquoi, malgré le retour prôné « *à la hideur désertée de nos plaies* », Césaire n'allia pas densément le créole à une pratique scripturale forgée

17

sur les enclumes de la langue française, c'est ce à quoi nous nous sommes engagés. Il ne sert à rien d'attiser cette question cruciale, et de citer, en contrepoint, la démarche de Gilbert Gratiant, lequel s'attacha à investir les deux langues de notre écosystème. Il importe que notre réflexion, se faisant phénoménologique, se porte aux racines mêmes du fait césairien : homme tout à la fois d'« *initiation* » et de « *terminaison* », Aimé Césaire eut, entre tous, le redoutable privilège de, symboliquement, rouvrir et refermer avec la Négritude la boucle qui enserre deux monstres tutélaires : l'Européanité et l'Africanité, toutes extériorités procédant de deux logiques adverses. L'une accaparant nos esprits soumis à sa torture, l'autre habitant nos chairs peuplées de ses stigmates, chacune à sa manière inscrivant en nous ses clés, ses codes, et ses chiffres. Non, elles ne sauraient, ces deux extériorités, être ramenées à la même mesure. L'Assimilation, à travers ses pompes et ses œuvres d'Europe, s'acharnait à peindre notre vécu aux couleurs de l'Ailleurs. La Négritude s'imposait alors comme volonté têtue de résistance tout uniment appliquée à domicilier notre identité dans une culture niée, déniée et reniée. Césaire, un anticréole? Non point, mais *un anté-créole*, si, du moins, un tel paradoxe peut être risqué. C'est la Négritude césairienne qui nous a ouvert le passage vers l'ici d'une Antillanité désormais postulable et elle-même en marche vers un autre degré d'authenticité qui restait à nommer. La Négritude césairienne est un baptême, l'acte primal de notre dignité restituée. Nous sommes à jamais fils d'Aimé Césaire.

18

Nous avions adopté le Parnasse. Avec Césaire et la Négritude nous prîmes pied dans le Surréalisme [1] *. Il serait assurément injuste de considérer le maniement par Césaire des « Armes miraculeuses » du Surréalisme comme une résurgence du bovarysme littéraire. En effet, le Surréalisme a fait exploser les cocons ethnocentristes, et a constitué en ses fondements mêmes une des premières réévaluations de l'Afrique opérées par la conscience occidentale. Mais, que le regard d'Europe dût en définitive servir d'intermédiaire à la remontée du continent d'Afrique enseveli, c'est cela qui pouvait faire craindre le risque d'une aliénation renforcée, à laquelle il y avait peu de chances de réchapper sauf à être un miraculé : Césaire, en raison précisément de son génie immense, trempé au feu d'un langage volcanique, ne paya jamais tribut au Surréalisme. De ce mouvement, il devint, au contraire, l'une des figures les plus incandescentes, de celles qu'on ne saurait comprendre en dehors de toute référence au substrat africain ressuscité par la puissance opératoire du verbe. Mais le tropisme africain n'a nullement empêché Césaire de s'inscrire très profondément dans l'écologie et le champ référentiel antillais. Et si son chant ne s'est pas déployé en créole, il n'en demeure pas moins que sa langue, soumise à une lecture nouvelle, notamment dans *Et les Chiens se taisaient* [2], se révèle moins imperméable qu'on ne le croit généralement aux émanations créoles de ces maternelles profondeurs.

* Les notes du texte français sont regroupées, p. 59.

19

La Négritude, hors le flamboiement prophétique de la parole, n'exposa aucune pédagogie du Beau, ce dont, en fait, elle n'eut jamais le projet. À la vérité, la force prodigieuse qui émanait d'elle se passait d'art poétique. L'éclat dont elle resplendissait, balisant de signaux aveuglants l'espace de nos cillements, désamorça toute répétition thaumaturgique au grand dam des épigones. En sorte que, même galvanisant nos énergies au coin de ferveurs inédites, la Négritude ne remédia nullement à notre trouble esthétique. Il se peut même qu'elle ait, quelque temps, aggravé notre instabilité identitaire, nous désignant du doigt le syndrome le plus pertinent de nos morbidités : le déport intérieur, le mimétisme, le naturel du tout-proche vaincu par la fascination du lointain, etc., toutes figures de l'aliénation. Thérapeutique violente et paradoxale, la Négritude fit, à celle d'Europe, succéder l'illusion africaine. Originellement saisie du vœu de nous domicilier dans l'ici de notre être, elle fut, aux premières vagues de son déploiement, marquée d'une manière d'extériorité : *extériorité d'aspirations* (l'Afrique mère, Afrique mythique, Afrique impossible), *extériorité de l'expression de la révolte* (le Nègre avec majuscule, tous les opprimés de la terre), *extériorité d'affirmation de soi* (nous sommes des Africains)[3]. Incontournable moment dialectique. Indispensable cheminement. Terrible défi que celui d'en sortir pour enfin bâtir une nouvelle synthèse, elle-même provisoire, sur le parcours ouvert de l'Histoire, notre histoire.

Épigones de Césaire, nous déployâmes une écriture engagée, engagée[4] dans le combat anticolonialiste, mais, en conséquence, engagée aussi hors de toute vérité intérieure, hors de la moindre des esthétiques littéraires. Avec des cris. Avec des haines. Avec des dénonciations. Avec de grandes prophéties et des concepts savants. En ce temps-là, hurler fut bon. Être obscur fut signe de profondeur. Chose curieuse, cela fut nécessaire et nous fut bienfaisant. Nous y tétions comme sous une mamelle de tafia. Cela nous libérait d'un côté, nous enchaînait de l'autre en aggravant notre processus de francisation. Car si, dans cette révolte négriste, nous contestions la colonisation française, ce fut toujours au nom de généralités universelles pensées à l'occidentale et sans nul arc-boutement à notre réalité culturelle [5]. Et pourtant, la Négritude césairienne permit l'émergence de ceux qui allaient nommer l'enveloppe de notre mental antillais : abandonnés dans une impasse, certains durent sauter par-dessus la barrière (comme le fit l'écrivain martiniquais Édouard Glissant), ou demeurer sur place (comme le firent beaucoup) à tourner aux alentours du mot *Nègre*, à rêver d'un étrange monde noir, à s'alimenter de dénonciations (de la colonisation ou de la Négritude elle-même) qui tournèrent bientôt à vide, dans une écriture véritablement en suspension [6], hors sol, hors peuple, hors lectorat, hors toute authenticité, sinon de manière incidente, partielle ou accessoire.

Avec Édouard Glissant nous refusâmes de nous enfermer dans la Négritude, épelant l'Antillanité [7] qui relevait plus de la vision que du concept. Le projet n'était pas seulement d'abandonner les hypnoses d'Europe et d'Afrique. Il fallait aussi garder en éveil la claire cons-

cience des apports de l'une et de l'autre : en leurs spé-
cificités, leurs dosages, leurs équilibres, sans rien obli-
térer ni oublier des autres sources, à elles mêlées. Plonger
donc le regard dans le chaos de cette humanité nouvelle
que nous sommes. *Comprendre ce qu'est l'Antillais.* Percevoir ce que signifie cette civilisation caribéenne encore
balbutiante et immobile. Avec Depestre, embrasser cette
dimension américaine, notre espace au monde. À la
suite de Frantz Fanon, explorer notre réel dans une
perspective cathartique. Décomposer ce que nous
sommes tout en purifiant ce que nous sommes par
l'expose en plein *soleil de la conscience* des mécanismes
cachés de notre aliénation. Plonger dans notre singularité, l'investir de manière projective, rejoindre à fond
ce que nous sommes... sont des mots d'Édouard Glissant.
L'objectif était en vue ; pour appréhender cette civilisation antillaise dans son espace américain, il nous fallait
sortir des cris, des symboles, des comminations fracas-
santes, des prophéties déclamatoires, tourner le dos à
l'inscription fétichiste dans une universalité régie par
les valeurs occidentales, afin d'entrer dans la minutieuse
exploration de nous-mêmes, faite de patiences, d'accumulations, de répétitions, de piétinements, d'obsti-
nations, où se mobiliseraient tous les genres littéraires
(séparément ou dans la négation de leurs frontières) et
le maniement transversal (mais pas forcément savant)
de toutes les sciences humaines. Un peu comme en
fouilles archéologiques : l'espace étant quadrillé, avan-
cer à petites touches de pinceau-brosse afin de ne rien
altérer ou perdre de ce nous-mêmes enfoui sous la francisation.

22

Mais les voies de pénétration dans l'Antillanité n'étant pas balisées, la chose fut plus facile à dire qu'à faire. Nous tournâmes longtemps autour, porteurs du désarroi des chiens embarqués sur une yole. Glissant lui-même ne nous y aidait pas tellement, pris par son propre travail, éloigné par son rythme, persuadé d'écrire pour des lecteurs futurs. Nous restions devant ses textes comme devant des hiéroglyphes, y percevant confusément le frémissement d'une voie, l'oxygène d'une perspective. Soudain, pourtant, avec son roman *Malemort* (par l'alchimie du langage, la structure, l'humour, la thématique, le choix des personnages, le rejet des complaisances) il opéra le singulier dévoilement du réel antillais. De son côté, opérant aux premiers bourgeonnements d'une créolistique recentrée sur ses profondeurs natives, l'écrivain haïtien Frankétienne se fit, dans son ouvrage *Dézafi*, le forgeron et l'alchimiste tout à la fois de la nervure centrale de notre authenticité : le créole recréé par et pour l'écriture. En sorte que ce furent *Malemort* [8] et *Dézafi* [9] – étonnamment parus dans la même année 1975 – qui, dans leur interaction déflagrante, débloquèrent pour les nouvelles générations, l'outil premier de cette démarche de se connaître : *la vision intérieure*.

Créer les conditions d'une expression authentique supposait l'exorcisme de la vieille fatalité de l'extériorité. N'avoir sous la paupière que les pupilles de l'Autre invalidait les démarches, les procédés et les procédures les plus justes. Ouvrir les yeux sur soi-même à la manière des régionalistes ne suffisait pas. Porter le regard sur cette culture « *fondal-natal* » afin de ne pas priver notre créativité de son essentiel, à l'instar des indigénistes haïtiens, n'était pas suffisant. Il fallait nous laver les yeux : retourner la vision que nous avions de notre réalité pour en surprendre le vrai. Un regard neuf qui enlèverait notre naturel du secondaire ou de la périphérie afin de le replacer au centre de nous-mêmes. Un peu de ce regard d'enfance, questionneur de tout, qui n'a pas encore ses postulats et qui interroge même les évidences. Ce regard libre se passe d'auto-explications ou de commentaires. Il est sans spectateurs extérieurs. Il émerge d'une projection de l'intime et traite chaque parcelle de notre réalité comme un événement dans la perspective d'en briser la vision traditionnelle, en l'occurrence extérieure et soumise aux envoûtements de l'aliénation... C'est en cela que la vision intérieure est révélatrice, donc révolutionnaire [10]. Réapprendre à visualiser nos profondeurs. Réapprendre à regarder positivement ce qui palpite autour de nous. La vision intérieure défait d'abord la vieille imagerie française qui nous tapisse, et nous restitue à nous-mêmes en une mosaïque renouvelée par l'autonomie de ses éléments, leur imprévisibilité, leurs résonances devenues mystérieuses. C'est un bouleversement intérieur et sacré à la manière de Joyce. C'est dire : une liberté. Mais, tentant vainement de l'exercer, nous nous aperçûmes qu'il ne pouvait pas y avoir de vision intérieure sans une préalable acceptation de soi. On pourrait même dire que la vision intérieure en est la résultante.

La francisation nous a forcés à l'autodénigrement : lot commun des colonisés. Il nous est souvent difficile de distinguer ce qui, en nous, pourrait faire l'objet d'une démarche esthétique. Ce que nous acceptons beau en nous-mêmes c'est le peu que l'autre a déclaré beau. Le noble est généralement ailleurs. L'Universel aussi. Et c'est toujours au grand large que notre expression artistique s'en est allée puiser. Et c'est toujours ce qu'elle rapportait du grand large qui a été retenu, accepté, étudié, car notre idée de l'esthétique fut ailleurs. Que vaut la création d'un artiste qui refuse en bloc son être inexploré? Qui ne sait pas ce qu'il est? Ou qui l'accepte difficultueusement? Et que vaut la vision du critique qui se trouve englué dans les mêmes conditions? Notre situation a été de porter un regard extérieur sur la réalité de nous-mêmes refusée plus ou moins consciemment. En littérature, mais aussi dans les autres formes de l'expression artistique, nos manières de rire, de chanter, de marcher, de vivre la mort, de juger la vie, de penser la déveine, d'aimer et de parler l'amour, ne furent que mal examinées. Notre imaginaire fut oublié, laissant ce grand désert où la fée Carabosse asséché Manman Dlo. Notre richesse bilingue refusée se maintint en douleur diglossique. Certaines de nos traditions disparurent sans que personne ne les interroge [11] en vue de s'en enrichir, et, même nationalistes, progressistes, indépendantistes, nous tentâmes de mendier l'Universel de la manière la plus incolore et inodore possible, c'est-à-dire dans le refus du fondement même de notre être, fondement qu'aujourd'hui, avec toute la solennité possible, nous déclarons être le vecteur esthétique majeur de la connaissance de nous-mêmes et du monde : *la Créolité.*

25

L'Antillanité ne nous est pas accessible sans vision intérieure. Et la vision intérieure n'est rien sans la totale acceptation de notre créolité. Nous nous déclarons Créoles. Nous déclarons que la Créolité [12] est le ciment de notre culture et qu'elle doit régir les fondations de notre antillanité. La Créolité est l'*agrégat interactionnel ou transactionnel,* des éléments culturels caraïbes, européens, africains, asiatiques, et levantins, que le joug de l'Histoire a réunis sur le même sol. Pendant trois siècles, les îles et les pans de continent que ce phénomène a affectés, ont été de véritables forgeries d'une humanité nouvelle, celles où langues, races, religions, coutumes, manières d'être de toutes les faces du monde, se trouvèrent brutalement déterritorialisées, transplantées dans un environnement où elles durent réinventer la vie. Notre créolité est donc née de ce formidable « migan » que l'on a eu trop vite fait de réduire à son seul aspect linguistique [13] ou à un seul des termes de sa composition. Notre personnalité culturelle porte tout à la fois les stigmates de cet univers et les témoignages de sa négation. Nous nous sommes forgés dans l'acceptation et le refus, donc dans le questionnement permanent, en toute familiarité avec les ambiguïtés les plus complexes, hors de toutes réductions, de toute pureté, de tout appauvrissement. Notre Histoire est une tresse d'histoires. Nous avons goûté à toutes les langues, à toutes les parlures. Craignant cet inconfortable magma, nous avons vainement tenté de le figer dans des ailleurs mythiques (regard extérieur, Afrique, Europe, aujourd'hui encore, Inde ou Amérique), de chercher refuge dans la normalité close des cultures millénaires, sans savoir que nous étions l'anticipation du contact des cultures, du monde futur qui s'annonce déjà. Nous sommes tout à la fois, l'Europe, l'Afrique, nourris d'apports asiatiques, levantins, indiens, et nous relevons aussi des survivances de l'Amérique précolombienne. La Créolité c'est « *le monde diffracté mais recomposé* », un maelström de signifiés dans un seul signifiant : une Totalité. Et nous disons qu'il n'est pas dommageable pour l'instant, de ne pas en avoir une définition. Définir, ici, relèverait de la taxidermie. Cette nouvelle dimension de l'homme, dont nous sommes la silhouette préfigurée, mobilise des notions qui très certainement nous échappent encore. Si bien que, s'agissant de la Créolité dont nous n'avons que l'intuition profonde, la connaissance poétique, et dans le souci de ne fermer aucune voie de ses possibles, nous disons qu'il faut l'aborder comme *une question à vivre*, à vivre obstinément dans chaque lumière et chaque ombre de notre esprit. Vivre une question c'est déjà s'enrichir d'éléments dont la réponse ne dispose pas. Vivre la question de la Créolité, à la fois en totale liberté et en pleine vigilance, c'est enfin pénétrer insensiblement dans les vastitudes inconnues de sa réponse. *Laissons vivre (et vivons!) le rougeoiement de ce magma.*

Du fait de sa mosaïque constitutive, la Créolité est une spécificité ouverte. Elle échappe ainsi aux perceptions qui ne seraient pas elles-mêmes ouvertes. L'exprimer c'est exprimer non une synthèse, pas simplement un métissage, ou n'importe quelle autre unicité. C'est exprimer une totalité kaléidoscopique [14], c'est-à-dire *la conscience non totalitaire d'une diversité préservée.* Nous avons décidé de ne pas résister à ses multiplicités pas plus que ne résiste le jardin créole aux formes des ignames qui l'habitent. Nous vivrons ses inconforts comme un mystère à accepter et à élucider, une tâche à accomplir et un édifice à habiter, un ferment pour l'imagination et un défi pour l'imagination. Nous la penserons comme référence centrale et comme déflagration suggestive à organiser esthétiquement. Car elle n'est pas une valeur en soi ; pour être pertinente son expression doit s'engager dans une démarche esthétique achevée. Notre esthétique ne pourra exister (être authentique) sans la Créolité.

La Créolité est une annihilation de la fausse universalité, du monolinguisme et de la pureté. Se trouve en créolité ce qui s'harmonise au *Divers* en direction duquel Victor Segalen eut son formidable élan. La Créolité est notre soupe primitive et notre prolongement, notre chaos originel et notre mangrove de virtualités. Nous penchons vers elle, riches de toutes les erreurs et forts de la nécessité de nous accepter complexes. Car le principe même de notre identité est la complexité. Explorer notre créolité doit s'effectuer dans une pensée aussi complexe que la Créolité elle-même. L'envie d'une clarification à partir de deux-trois lois de la normalité, nous a fait nous considérer à nos propres yeux comme des êtres anormaux. Or, ce qui semblait la tare peut se révéler être l'indéfinition du neuf, la richesse du jamais

28

vu. C'est pourquoi il semble que, pour l'instant, *la pleine connaissance de la Créolité sera réservée à l'Art,* à l'Art absolument. Ce sera le préalable de notre affermissement identitaire. Mais il va de soi que la Créolité a vocation à irriguer toutes les nervures de notre réalité pour en devenir peu à peu le principe moteur. Dans des sociétés multiraciales telles que les nôtres, il apparaît urgent que l'on sorte des habituelles distinctions raciologiques et que l'on reprenne l'habitude de désigner l'homme de nos pays sous le seul vocable qui lui convienne, quelle que soit sa complexion : *Créole.* Les relations socio-ethniques au sein de notre société devront désormais s'opérer sous le sceau d'une commune créolité, sans que cela oblitère le moins du monde les rapports ou les affrontements de classe. En littérature, la reconnaissance maintenant unanime, dans nos pays, du poète Saint-John Perse comme l'un des fils les plus prestigieux de la Guadeloupe – et cela, malgré son appartenance à l'ethnoclasse béké – correspond assurément à une avancée de la Créolité dans les consciences antillaises. Il y a lieu de s'en réjouir. Pareillement, en architecture, en art culinaire, en peinture [15], en économie (comme les Seychelles nous en fournissent l'exemple), en art vestimentaire, et cætera, les dynamiques de la Créolité acceptée, questionnée, exaltée, nous semblent la voie royale vers l'assomption de nous-mêmes.

Il convient de distinguer Américanité, Antillanité et Créolité, concepts qui, à première vue, pourraient sembler recouvrir les mêmes réalités. Tout d'abord, les processus socio-historiques qui ont produit l'américanisation ne sont pas de la même nature que ceux qui ont été à l'œuvre dans la Créolisation. En effet, l'américanisation, et donc le sentiment d'américanité qui en découle à terme, décrit l'adaptation progressive de populations du monde occidental aux réalités naturelles du monde qu'elles baptisèrent nouveau. Et cela, sans interaction profonde avec d'autres cultures. Ainsi les Anglo-Saxons qui formèrent les treize colonies, embryon du futur État américain, ont redéployé leur culture dans un nouvel environnement, quasi vierge si l'on tient compte du fait que, parqués dans des réserves, massacrés, les indigènes peaux-rouges n'ont pratiquement pas influencé leur culture originelle. De même, en demeurant relativement fermés aux tribus qui y résidaient, les Noirs Boni et Saramaka des Guyanes se sont américanisés au contact de la forêt amazonienne. De même, les Italiens qui arrivèrent en masse en Argentine au XIXe siècle, ou les Hindous qui remplacèrent les anciens esclaves noirs sur les plantations de Trinidad ont adapté leur culture originelle à de nouvelles réalités sans pour autant la modifier complètement. *L'Américanité est donc, pour une large part, une culture émigrée,* dans un splendide isolement.

Tout autre est le processus de créolisation, qui n'est pas propre au seul continent américain (ce n'est donc pas un concept géographique) et qui désigne la mise en contact brutale, sur des territoires soit insulaires, soit enclavés, – fussent-ils immenses comme la Guyane et le Brésil – de populations culturellement différentes : aux Petites Antilles, Européens et Africains; aux Mascareignes, Européens, Africains et Indiens; dans certaines régions des Philippines ou à Hawaï, Européens et Asiatiques; à Zanzibar, Arabes et Négro-Africains, etc. Réunis en général au sein d'une économie plantationnaire, *ces populations sont sommées d'inventer de nouveaux schèmes culturels permettant d'établir une relative cohabitation entre elles.* Ces schèmes résultent du mélange non harmonieux (et non achevé et donc non réducteur) des pratiques linguistiques, religieuses, culturales, culinaires, architecturales, médicinales, etc., des différents peuples en présence. Bien entendu, il existe des créolisations plus ou moins intenses suivant que tous les peuples en présence sont exogènes comme aux Antilles ou aux Mascareignes, ou selon que l'un d'entre eux est autochtone comme aux îles du Cap-Vert ou à Hawaï. La Créolité est donc le fait d'appartenir à une entité humaine originale qui à terme se dégage de ces processus. Il existe donc une créolité antillaise, une créolité guyanaise, une créolité brésilienne, une créolité africaine, une créolité asiatique et une créolité polynésienne, assez dissemblables entre elles mais issues de la matrice du même maelström historique. La Créolité englobe et parachève donc l'Américanité puisqu'elle implique le double processus :

— *d'adaptation des Européens, des Africains et des Asiatiques au Nouveau Monde;*

— *de confrontation culturelle entre ces peuples au sein d'un même espace, aboutissant à la création d'une culture syncrétique dite créole.*

Il n'existe évidemment pas une frontière étanche entre les zones de créolité et celles d'américanité. Au sein d'un même pays, elles peuvent se juxtaposer ou s'interpénétrer : ainsi aux U.S.A., la Louisiane et le Mississippi sont en grande partie créoles, tandis que la Nouvelle-Angleterre, où ne vivent au départ que des Anglo-Saxons, n'est qu'américaine. Toutefois, après l'abolition de l'esclavage et la montée des Noirs dans le Nord, puis l'arrivée d'Italiens, de Grecs, de Chinois et de Porto-ricains, tout au long du vingtième siècle, on peut légitimement penser que les conditions sont réunies pour qu'un processus de créolisation soit actuellement à l'œuvre en Nouvelle-Angleterre.

Créolité et Américanité ainsi distinguées, qu'en est-il du rapport de l'*Antillanité* et de la *Créolité*. L'Antillanité désigne, à nos yeux, le seul processus d'américanisation d'Européens, d'Africains et d'Asiatiques à travers l'Archipel antillais. De ce fait, elle est, pour ainsi dire, une province de l'Américanité à l'instar de la Canadianité ou de l'Argentinité. Elle omet, en effet, qu'il y ait eu dans certaines îles, en plus de la simple américanisation, un phénomène de créolisation (et donc de créolité). Par exemple, des zones entières du Nord de Cuba n'ont connu qu'une américanisation des colons andalous, galiciens ou canariens, sans créolisation aucune. Dans certaines régions cannières de Trinidad, la culture hindouiste s'est simplement adaptée à un environnement neuf sans vraiment se créoliser, contrairement au *bondyékouli* des Petites Antilles, lequel est un culte créole à soubassement hindouiste. Le concept d'Antillanité nous semble donc d'abord géopolitique. Dire « antillais » ne révèle rien de la situation humaine des Martiniquais, des Guadeloupéens, ou des Haïtiens. Les Créoles que nous sommes sont aussi proches, sinon plus proches, anthropologiquement parlant, des Seychellois, des Mauriciens

ou des Réunionnais que des Portoricains ou des Cubains.
À l'inverse, il n'y a que relativement peu de choses en
commun entre un Seychellois et un Cubain. Nous, Antillais créoles, sommes donc porteurs d'une double solidarité :

    *— d'une solidarité antillaise (géopolitique) avec tous les
peuples de notre Archipel, quelles que soient nos différences
culturelles : notre Antillanité;*

    *— d'une solidarité créole avec tous les peuples africains,
mascarins, asiatiques et polynésiens qui relèvent des mêmes
affinités anthropologiques que nous : notre créolité.*

La vision intérieure accordée à la pleine acceptation
de notre créolité (comme vitalité même de notre créativité) doit irriguer et renforcer de manière toute nouvelle les exigences transitoires définies par Glissant pour
l'expression littéraire de l'Antillanité :

1. L'enracinement dans l'oral

Notre culture créole s'est forgée dans le système des
plantations, à travers une dynamique questionnante
d'acceptations et de refus, de démissions et d'assomp-
tions. Véritable galaxie en formation autour de la langue
créole comme noyau, la Créolité [16] connaît aujourd'hui
encore un mode privilégié : l'oralité. Pourvoyeuse de
contes, proverbes, « titim », comptines, chansons..., etc.,
l'oralité est notre intelligence, elle est notre lecture de
ce monde, le tâtonnement, aveugle encore, de notre
complexité. L'oralité créole, même contrariée dans son

expression esthétique, recèle un système de contre-valeurs, une contre-culture [17]; elle porte témoignage du génie ordinaire appliqué à la résistance, dévoué à la survie. Après l'effondrement du système des plantations (crises sucrières, abolitions de l'esclavage..., etc.), après les destructurations, restructurations, conversions et reconversions de toutes sortes qui en ont découlé (assimilation, départementalisation) cette force orale s'est retrouvée tournant à vide, inutile à la promotion sociale, à l'existence citoyenne. Seule la Francité (adoption conjointe de la langue française et de ses valeurs) nommait l'Homme, dans une société en pleine dérive identitaire. L'oralité alors commença son enlisement dans notre inconscient collectif (comme en une souterraine transhumance) mais laissant çà et là émerger à l'air libre les fragments épars de son relief discontinué. Le déchiffrement laborieux de son paysage déroutant donna alors lieu à un système de valeurs tout à la fois compensatoire et conjuratoire : folklorisme et doudouisme devenaient les chefs d'accusation des nouveaux procureurs de la Culture authentique. Le terrorisme ordinaire soutenait alors le théorisme distingué, tous deux impuissants à sauver de l'oubli la moindre chansonnette. Ainsi allait notre monde, confit en dévotion intellectualiste, complètement coupé des racines de notre oralité. Si bien qu'aucun de nos écrivains n'était armé ainsi que l'indique Glissant [18], pour prendre le relais de la créolité renfermée dans l'abysse de notre parole ancestrale, tous englués, à des degrés divers, dans l'obsession d'une transfiguration métamorphique du réel : le Grand Soir de la Culture, parée aux couleurs du progrès, de la

34

civilisation, du développement. Après nos conteurs traditionnels, ce fut donc une manière de silence : la voie morte. Ailleurs, les aèdes, les bardes, les griots, les ménestrels et les troubadours avaient passé le relais à des scripteurs *(marqueurs de parole)* qui progressivement prirent leur autonomie littéraire. Ici, ce fut la rupture, le fossé, la ravine profonde entre une expression écrite qui se voulait universalo-moderne et l'oralité créole traditionnelle où sommeille une belle part de notre être. Cette non-intégration de la tradition orale fut l'une des formes et l'une des dimensions de notre aliénation. Sans le riche terreau qui aurait pu constituer un apport à une littérature, enfin souveraine, la rapprocher de ses lecteurs potentiels, notre écriture (contrairement à la pratique théâtrale de Henri Melon, Arthur Lérus, Joby Bernabé, Elie Stephenson, Roland Brival, Roger Robinel, José Alpha, Vincent Placoly... qui surent à bien des égards s'enrichir de l'oralité) demeura en suspension. D'où l'instabilité dénominative de la production écrite de nos pays : *littérature afro-antillaise, négro-antillaise, franco-antillaise, antillaise d'expression française, francophone des Antilles..., etc.,* tous qualificatifs que nous déclarons désormais inopérants.

Il y eut, par bonheur, d'insignifiants reproducteurs de gestes incompris, de modestes cultivateurs de souvenirs inutiles, il y eut d'obscurs metteurs en scène d'une culture commercialisée pour touristes plus curieux que nous de nous-mêmes, il y eut de plats épigones d'une parole ressassée, de naïfs promoteurs d'un carnaval galvaudé, de besogneux mercantis d'un zouk aux stridences assourdissantes. Rarement ils échappèrent à l'assertion – proclamée ou susurrée – de doudouisme et de folklorisme. Mais ce furent eux, en définitive, les indispensables maillons qui contribuèrent à préserver la Créolité du destin glorieux mais définitif des Atlantides. D'eux, nous avons appris que la culture est une sustentation et une pesée quotidienne; que les ancêtres naissent tous les jours et qu'ils ne sont pas figés dans un passé immémorial; que la tradition chaque jour s'élabore et que la culture est aussi le lien vivant que nous devons nouer entre le passé et le présent; que prendre le relais de la tradition orale ne doit pas s'envisager sur un mode passéiste de nostalgique stagnation, de virées en arrière. Y retourner, oui, pour d'abord rétablir cette continuité culturelle (associée à la continuité historique restaurée) sans laquelle l'identité collective a du mal à s'affirmer. Y retourner, oui, pour en enrichir notre énonciation [19], l'intégrer pour la dépasser. Y retourner, tout simplement, afin d'investir l'expression primordiale de notre génie populaire. Sachant cela, nous pourrons alors récolter en une moisson nouvelle les fruits de semailles inédites. Nous pourrons à travers le mariage de nos sens aiguisés procéder à l'insémination de la parole créole dans l'écrit neuf. Bref, *nous fabriquerons une littérature* qui ne déroge en rien aux exigences modernes de l'écrit tout en s'enracinant dans les configurations traditionnelles de notre oralité.

2. *La mise à jour de la mémoire vraie*

Notre Histoire (ou plus exactement nos histoires) [20] est naufragée dans l'Histoire coloniale. La mémoire collective est notre urgence. Ce que nous croyons être l'histoire antillaise n'est que l'Histoire de la colonisation des Antilles. Dessous les ondes de choc de l'histoire de France, dessous les grandes dates d'arrivée et de départ des gouverneurs, dessous les aléas des luttes coloniales, dessous les belles pages blanches de la Chronique (où les flambées de nos révoltes n'apparaissent qu'en petites taches), il y eut le cheminement obstiné de nous-mêmes. L'opaque résistance des nègres marrons bandés dans leur refus. L'héroïsme neuf de ceux qui affrontèrent l'enfer esclavagiste, déployant d'obscurs codes de survie, d'indéchiffrables qualités de résistance, la variété illisible des compromis, les synthèses inattendues de vie. Ils quittèrent les champs pour les bourgs, se répandirent dans la société coloniale jusqu'à en épaissir en tout point la consistance, jusqu'à donner aujourd'hui ce que nous sommes. Cela s'est fait sans témoins, ou plutôt sans témoignages, nous laissant un peu dans la situation de la fleur qui ne verrait pas sa tige, qui ne la sentirait pas. Et l'histoire de la colonisation que nous avons prise pour la nôtre a aggravé notre déperdition, notre autodénigrement, favorisé l'extériorité, nourri la dérade du présent. Dedans cette fausse mémoire nous n'avions pour mémoire qu'un lot d'obscurités. Un sentiment de chair discontinué. Les paysages, rappelle Glissant [21], sont les seuls à inscrire, à leur façon non anthropomorphe, un peu de notre tragédie, de notre vouloir exister. Si bien que notre histoire (ou nos histoires) n'est pas totalement accessible aux historiens. Leur méthodologie ne leur donne accès qu'à la Chronique coloniale. Notre Chronique est dessous les dates, dessous les faits répertoriés :

nous sommes Paroles sous l'écriture. Seule la connaissance poétique, la connaissance romanesque, la connaissance littéraire, bref, la connaissance artistique, pourra nous déceler, nous percevoir, nous ramener évanescents aux réanimations de la conscience [22]. Appliquée à nos histoires (à cette mémoire-sable voltigée dans le paysage, dans la terre, dans des fragments de cerveaux de vieux-nègres, tout en richesse émotionnelle, en sensations, en intuitions...) la vision intérieure et l'acceptation de notre créolité nous permettront d'investir *ces zones impénétrables du silence où le cri s'est dilué* [23]. C'est en cela que notre littérature nous restituera à la durée [24], à l'espace-temps continu, c'est en cela qu'elle s'émouvra de son passé et qu'elle sera historique.

3. *La thématique de l'existence*

Ici, nous ne nous imaginons pas hors du monde, en banlieue de l'Univers. Notre ancrage dans cette terre n'est pas une plongée dans un fond sans pardon. Notre vision intérieure exercée, notre créolité mise comme centre de créativité, nous permet de réexaminer notre existence, d'y voir les mécanismes de l'aliénation, d'en percevoir surtout les beautés. L'écrivain est un renifleur d'existence [25]. Plus que tout autre, il a pour vocation d'identifier ce qui, dans notre quotidien, détermine les comportements et structure l'imaginaire. Voir notre existence c'est nous voir en situation dans notre histoire, dans notre quotidien, dans notre réel. C'est aussi voir nos virtualités. En nous éjectant du confortable regard de l'Autre, la vision intérieure nous renvoie à la sollicitation de notre originel chaos. Elle nous verse alors dans la question permanente, dans le doute, et dans l'ambiguïté. Par cette vision, nous revenons au magma qui nous caractérise. Elle nous libère aussi du militantisme littéraire anticolonialiste [26] si bien que, nous regardant, ce n'est plus en projet d'une idéologie à appliquer, ce n'est plus en vertu d'une vérité apodictique, d'une table de lois en dix commandements, ce n'est plus en rejet des doudouistes, des régionalistes ou de la Négritude (rejet sur lequel beaucoup ont bâti leur existence littéraire) mais dans le seul désir de nous connaître nous-mêmes, dans nos tares, dans nos écorces et dans nos pulpes, en rêche nudité. À la lumière de cette liberté, revisiter et réévaluer toute notre production écrite. Et cela, non pas tant afin d'être la voix de ceux qui n'ont pas de voix, que de parachever la voix collective qui tonne sans écoute dans notre être, d'en participer lucidement et de l'écouter jusqu'à l'inévitable cristallisation d'une conscience commune. Trop longtemps, notre écriture a négligé cette tâche fondamentale, ou l'a traitée sur le mode aliénant de l'extériorité. La littérature créole à laquelle nous travaillons pose comme principe qu'il n'existe rien dans notre monde qui soit petit, pauvre, inutile, vulgaire, inapte à enrichir un projet littéraire. *Nous faisons corps avec notre monde.* Nous voulons, en vraie créolité, y nommer chaque chose et dire qu'elle est belle. Voir la grandeur humaine des *djobeurs*. Saisir l'épaisseur de la vie du Morne Pichevin. Comprendre les marchés aux légumes. Élucider le fonctionnement des conteurs. Réadmettre sans jugement nos « *dorlis* », nos « *zombis* », nos « *chouval-twa-pat* », « *soukliyan* ». Prendre langue avec nos bourgs, nos villes. Explorer nos origines amérindiennes, indiennes, chinoises et levantines, trouver leurs palpitations dans les battements de nos cœurs. Entrer dans nos pitts, dans nos jeux de « grenndé », dans toutes ces affaires de vieux-nègres à priori vulgaires. C'est par ce systématisme que se renforcera la liberté de notre regard.

Notre écriture doit accepter sans partage nos croyances populaires, nos pratiques magico-religieuses, notre réalisme merveilleux, les rituels liés aux « milan », aux phénomènes du « *majò* », aux joutes de « *ladja* », aux « *koudmen* ». Écouter notre musique et goûter à notre cuisine. Chercher comment nous vivons l'amour, la haine, la mort, l'esprit que nous avons de la mélancolie, notre façon dans la joie ou la tristesse, dans l'inquiétude et dans l'audace. Chercher nos vérités. Affirmer que l'une des missions de cette écriture est de donner à voir les héros insignifiants, les héros anonymes, les oubliés de la Chronique coloniale, ceux qui ont mené une résistance toute en détours et en patiences, et qui ne correspondent en rien à l'imagerie du héros occidentalo-français. Il ne s'agit point de décrire ces réalités sous le mode ethnographique, ni de pratiquer le recensement des pratiques créoles à la manière des Régionalistes et des Indigénistes haïtiens, mais bien de *montrer ce qui, au travers d'elles, témoigne à la fois de la Créolité et de l'humaine condition.* Vivre, revivre, faire vivre tout cela intensément, frissonner aux frissons, palpiter là où cela palpite, arpenter notre géographie interne afin de la mieux percevoir et de la mieux

40

comprendre. Et nous récusons les dérives de localisme ou de nombrilisme que certains semblent y distinguer. Il ne peut exister une véritable ouverture sur le monde sans une appréhension préalable et absolue de ce qui nous constitue. Notre monde, aussi petit soit-il, est vaste dans notre esprit, inépuisable dans notre cœur, et pour nous, il témoignera toujours de l'homme. La vieille carapace du dénigrement de nous-mêmes se verra fissurée : *Oh, geôlière de notre créativité, le regard neuf te regarde!* C'est d'une descente en soi-même qu'il s'agit, mais sans l'Autre, sans la logique aliénante de son prisme. Et là, il faut le reconnaître, nous sommes sans repères, sans certitudes, sans critères d'esthétique, rien qu'avec la jouvence de notre regard, l'intuition de notre créolité qui doit à tout moment s'inventer chaque prise. Notre littérature doit aller en elle-même et ne rencontrer, durant le temps de son affermissement, personne, nous voulons dire : *aucun déport culturel.*

4. L'irruption dans la modernité

Malgré notre extrême jeunesse, nous n'avons pas le temps de vivre les volutes d'une tranquille évolution. Il nous faut être présent dans un monde contemporain qui va vite. Assumer l'ordre et l'aventure, aurait dit Apollinaire. L'ordre serait, ici, ce qui concourt au développement de notre conscience identitaire, à l'épanouissement de notre nation, à l'émergence de nos arts et de notre littérature : problématiques qui ne sont plus de ce siècle mais que nous devons nécessairement régler.

L'aventure, elle, symboliserait le monde moderne et ses avancées contemporaines desquelles il n'est pas souhaitable de s'exclure sous prétexte d'avoir à ranger l'intérieur de soi-même. Les pays sous-développés, ou mal développés, se voient acculés aujourd'hui à cette acrobatie. Comment s'inquiéter de la langue créole sans participer aux questions actuelles de la linguistique? Comment penser un roman antillais sans être riche des approches qu'ont du roman tous les peuples du monde? Comment se préoccuper d'une expression artistique qui, efficace à l'intérieur de la nation, se révélerait anachronique ou dépassée une fois pointée à l'extérieur? Il nous faut donc tout faire en même temps : placer notre écriture dans l'allant des forces progressistes qui s'activent pour notre libération, et ne point délaisser la recherche d'une esthétique neuve sans laquelle il n'est point d'art, encore moins de littérature. Il nous faut être lucides sur nos tares de néo-colonisés, tout en travaillant à oxygéner nos étouffements par une vision positive de notre être. Il nous faut nous accepter tels quels, totalement, et nous méfier de cette identité incertaine, encore mue par d'inconscientes aliénations. Il nous faut être ancrés au pays, dans ses difficultés, dans ses problèmes, dans sa réalité la plus terre à terre, sans pour autant délaisser les bouillonnements où la modernité littéraire actionne le monde. C'est un peu ce que Glissant appelle « être en situation d'irruption [27] ». Situation inconfortable, certes, exigences draconiennes, mais il est déjà clair pour nous qu'il faut, de toute manière, écrire au difficile [28], s'exprimer à contre-courant des usures, des lieux communs et des déformations, et que c'est au difficile que pourra se pister – par nous – l'éloignement en nous-mêmes de notre authenticité.

5. *Le choix de sa parole*

Notre première richesse, à nous écrivains créoles, est de posséder plusieurs langues : le créole, français, anglais, portugais, espagnol, etc. Il s'agit maintenant d'accepter ce bilinguisme potentiel et de sortir des usages contraints que nous en avons. De ce terreau, faire lever sa parole. De ces langues bâtir notre langage [29]. Le créole, notre langue première à nous Antillais, Guyanais, Mascarins, est le véhicule originel de notre moi profond, de notre inconscient collectif, de notre génie populaire, cette langue demeure la rivière de notre créolité alluviale. Avec elle nous rêvons. Avec elle nous résistons et nous acceptons. Elle est nos pleurs, nos cris, nos exaltations. Elle irrigue chacun de nos gestes. Son étiolement n'a pas été une seule ruine linguistique, la seule chute d'une branche, mais le carême total d'un feuillage, l'agenouillement d'une cathédrale [30]. L'absence de considération pour la langue créole n'a pas été un simple silence de bouche mais une amputation culturelle. Les conteurs créoles aujourd'hui disparus l'auraient dit mieux que nous. Chaque fois qu'une mère, croyant favoriser l'acquisition de la langue française, a refoulé le créole dans la gorge d'un enfant, cela n'a été en fait qu'un coup porté à l'imagination de ce dernier, qu'un envoi en déportation de sa créativité. Les instituteurs de la grande époque de la francisation [31] ont été les négriers de notre élan artistique. Si bien qu'aujourd'hui, ce serait stérilisation que de ne pas réinvestir cette langue. Son usage est l'une des voies de la plongée en notre créolité. Aucun créateur créole, dans quelque domaine que ce soit, ne se verra jamais accompli sans une connaissance intuitive de la poétique de la langue créole [32]. L'éducation artistique (la rééducation du regard, l'activation de la sensibilité créole) impose comme préalable une acquisition de la langue créole dans sa syntaxe, dans sa grammaire, dans son lexique le mieux basilectal, dans son écriture la plus appropriée (cette dernière fût-elle éloignée des habitudes françaises), dans ses intonations, dans ses rythmes, dans son âme... dans sa poétique [33]. La quête du créole profond, orgueilleusement menée sous le signe de la rupture, de l'inédit et de l'inouï, en alimentant nos ferveurs révolutionnaires, polarise, à n'en pas douter, nos énergies les plus extrêmes et les plus solitaires. En revanche, le drame de beaucoup de nos écrivains provient de la castration dont, linguistiquement, ils ont été victimes au temps de leur enfance. La langue créole est donc une des forces de notre expressivité, ainsi que l'a démontré (s'il en était besoin) l'écrivain guadeloupéen Sonny Rupaire qui, à partir d'elle, sut initier une poésie en rupture complète avec celle qui avait cours jusqu'alors, mariant la revendication politique la plus extrême à l'assomption d'une poétique enracinée. La langue créole n'est pas une langue moribonde, elle continue à muer, perdant ici des diaprures secrètes pour retrouver là des accents jusqu'alors inconnus d'elle (ainsi qu'en témoigne la poésie de Monchoachi, de Joby Bernabé, Daniel Boukman, Thérèse Léotin, Hector Poullet, Félix Morisseau-Leroy, Serge Restog, Max Rippon, Georges Castera...). Elle est semblable au serpent fer-de-lance que l'on a beau traquer au fin fond des mornes : elle ressurgit sans crier *wouap!* au fin fond de nos cases, cela parce qu'elle est liée à notre existence même, et parce que, en finale de compte, comme s'est exclamé l'écrivain Vincent Placoly : « *C'est elle qui nous appartient le plus!* [34]. » D'où cette nécessité de renforcer sa densité orale par la puissance contemporaine de l'écrit. Et ceux de nos écrivains qui ont tenté de la tuer en eux, ou dans leur écriture, perdaient sans le savoir la voie royale vers un authentique étouffé en eux-mêmes : la Créolité. Quel suicide esthétique! La littérature créole d'expression créole aura donc pour tâche première de construire cette langue écrite, sortie indispensable de sa clandestinité. Cependant, pour ne s'être pas efforcés de se distancier de la langue qu'ils maniaient, la plupart des littérateurs créolophones n'ont pas fait œuvre d'écriture et répondu à l'exigence première de l'acte littéraire, à savoir produire un langage au sein même de la langue. Le poète créole d'expression créole, le romancier créole d'expression créole, devra dans le même allant, être le récolteur de la parole ancestrale, le jardinier des vocables nouveaux, le découvreur de la créolité du créole. Il se méfiera de cette langue tout en l'acceptant totalement. Il prendra ses distances par rapport à elle, tout en y plongeant désespérément — et, se méfiant des procédures de la défense-illustration, il éclaboussera cette langue des folies du langage [35] qu'il se sera choisi.

45

Mais nos histoires, pour une fois généreuses, nous ont dotés d'une langue seconde [36]. Elle n'était pas à tous au départ. Elle ne fut longtemps que celle des oppresseurs-fondateurs. *Nous l'avons conquise, cette langue française.* Si le créole est notre langue légitime, la langue française (provenant de la classe blanche créole) fut tour à tour (ou en même temps) octroyée et capturée, légitimée et adoptée. La créolité, comme ailleurs d'autres entités culturelles [37] a marqué d'un sceau indélébile la langue française. Nous nous sommes approprié cette dernière. Nous avons étendu le sens de certains mots. Nous en avons dévié d'autres. Et métamorphosé beaucoup. Nous l'avons enrichie tant dans son lexique que dans sa syntaxe. Nous l'avons préservée dans moult vocables dont l'usage s'est perdu. Bref, *nous l'avons habitée.* En nous, elle fut vivante. En elle, nous avons bâti notre langage [38], ce langage qui fut traqué par les kapos culturels comme profanation de l'idole qu'était devenue cette langue. *Notre littérature devra témoigner de cette conquête.* Nous récusons donc la religion de la langue française qui sévit dans nos pays depuis l'abolition de l'esclavage, et adhérons totalement au proverbe haïtien selon lequel : *« Palé fransé pa vlé di lespri »* (Parler français n'est pas gage d'intelligence). En réprimant ce langage, on a, comme pour la langue créole, brimé notre expressivité, notre pulsion créatrice, car la créativité ne peut lever que d'une lecture subjective du monde. On a, par là aussi, contrarié notre expression artistique sur plusieurs générations. La littérature créole d'expression française aura donc pour tâche urgente d'investir et de réhabiliter l'esthétique de notre langage. C'est ainsi qu'elle sortira de l'usage contraint du français qui, en écriture, a trop souvent été le nôtre.

Hors donc de tout fétichisme, le langage sera, pour nous, l'usage libre, responsable, créateur d'une langue [39]. Ce ne sera pas forcément du français créolisé ou réinventé, du créole francisé ou réinventé, mais notre parole retrouvée et finalement décidée. Notre singularité exposée-explosée dans la langue jusqu'à ce qu'elle s'affermisse dans l'Être. Notre conscience en verticalité psychique. L'antidote de l'ancestrale domination qui nous accable. Par-delà le langage pourra s'exprimer ce que nous sommes, notre présence au monde, notre enracinement... Car la langue dominante idolâtrée [40] ignore la personnalité du locuteur colonisé, fausse son histoire, nie sa liberté, le déporte de lui-même. Pareillement, l'idolâtrie par le colonisé de la langue dominée, si elle peut être bénéfique dans les premiers temps de la révolution culturelle, ne saurait en aucune façon devenir l'objectif principal ou unique des écrivains créoles d'expression créole. Toute langue idolâtrée fonctionne comme un masque de théâtre Nô, ces masques qui confèrent aux comédiens, des sentiments, des visages, mais aussi des personnalités autres. Pour un poète, un romancier créole, écrire en français ou en créole idolâtré, c'est demeurer immobile dans l'aire d'une action, sans décision dans un champ de possibles, inane dans un lieu de potentiels, sans voix dans les grandes transmissions des échos d'une falaise. Sans langage dans la langue, donc sans identité. C'est, en écriture, ne pas accéder à l'acte littéraire [41]. C'est, du point de vue de l'esthétique, mourir.

La créolité n'est pas monolingue. Elle n'est pas non plus d'un multilinguisme à compartiments étanches. Son domaine c'est le langage. Son appétit : toutes les langues du monde. Le jeu entre plusieurs langues (leurs lieux de frottements et d'interactions) est un vertige polysémique. Là, un seul mot en vaut plusieurs. Là, se trouve le canevas d'un tissu allusif, d'une force suggestive, d'un commerce entre deux intelligences. Vivre en même temps la poétique de toutes les langues, c'est non seulement enrichir chacune d'elles, mais c'est surtout rompre l'ordre coutumier de ces langues, renverser leurs significations établies. C'est cette rupture qui permettra d'amplifier l'audience d'une connaissance littéraire de nous-mêmes.

Garder une totale disponibilité vis-à-vis de tout l'éventail linguistique qu'offre la palette sociale, tel est l'état d'esprit avec lequel nous avons abordé la problématique de l'interlangue, appelée plus savamment « interlecte ». Mais l'exaltation des fécondités de ce dernier n'occulte en rien notre vigilance à l'égard de ses périls. En effet, la transmutation dont il est expert à donner la fascinante apparence est, en fait, la transgression, inscrite en son statut ontologique, de la ligne de partage des eaux. Pourvoyeur aussi d'illusions, le matériau interlectal peut sous-entendre du construit là où n'existe qu'abandon lascif aux clichés et aux stéréotypes. En un mot, dépositaire d'un génie multiple, l'interlecte peut bien, si l'on

48

n'y prend garde, être le fossoyeur pur et simple du génie. Chaque fois qu'il nous dispense du travail critique de l'écriture, l'interlecte (serviteur attentionné et omniprésent) constitue le danger d'une aliénation subreptice mais terriblement efficace. Le français dit « français-banane » qui est au français standard ce que le latin macaronique est au latin classique, constitue, à n'en pas douter, ce que l'interlangue recèle de plus stéréotypé, et par quoi, irrésistiblement, elle donne dans le comique. À Césaire, une instinctive méfiance de la bâtardise dicta souvent d'ailleurs l'usage du français le plus culte, symétrique magnifié d'un créole impossible parce que encore à inventer en sa facture littéraire. Glissant, quant à lui, jamais ne se commit avec l'interlecte-cliché. Avec l'un et l'autre, nous apprîmes la droite patience et la quête obstinée – quand même convulsive – des mots. Quant à nous, notre éloge de la créolité ne sera jamais celui de l'accroupissement désœuvré et infécond à faire autre chose que parasiter le monde. Or, toute une série de productions verbales peuvent aisément, si on n'y prend garde, faire fortune à se comporter en plantes épiphytes, enclines, de surcroît, à détourner le fleuve-langage de son embouchure créole. Nous n'oublions pas que les termes de l'échange restent encore inégalitaires entre créole et français, tous deux ne courant pas les mêmes risques au regard d'une gestion irresponsable de l'espace linguistique. Notre souci, par une telle mise au point, n'est assurément pas de détourner l'écrivain de l'aventure menée aux interstices du créole et du français. Mieux, nous croyons qu'un usage fécond de l'interlecte peut constituer la voie d'accès à un ordre de réalité susceptible de conserver à notre créolité sa complexité fondamentale, son champ référentiel diffracté.

Or, nous nous sommes aperçus que dans ce domaine, le risque d'incommunicabilité était grand. Beaucoup désignèrent, en effet, notre plongée en créolité, voire en langue créole, comme une sorte d'enterrement en soi-même, dans une spécificité trop étroite. C'était assurément oublier que vivre une créolité complexe revenait à vivre le monde, ou (pour reprendre une expression de Glissant) *le Tout-monde*.

UNE DYNAMIQUE CONSTANTE

Une des entraves de notre créativité fut le souci obsessionnel de l'Universel. Vieux syndrome de colonisé : ce dernier craint de n'être que ce lui-même dévalorisé, tout en étant honteux de vouloir être ce qu'est son maître. Il accepte donc – suprême subtilité – de penser les valeurs de ce dernier comme celles de l'idéal du monde. D'où l'extériorité à nous-mêmes. D'où le dénigrement de la langue créole et de la mangrove profonde de la créolité. D'où – à l'exception des miracles individuels – notre naufrage esthétique. Notre balbutiement. La littérature créole se moquera de l'Universel, c'est-à-dire de cet alignement déguisé aux valeurs occidentales, c'est-à-dire de ce souci de mise en transparence de soi-même, c'est-à-dire de cette exposition de soi aux embellies de l'évidence. Nous voulons approfondir notre

50

créolité en pleine conscience du monde. *C'est par la Créolité que nous serons Martiniquais. C'est en devenant Martiniquais que nous serons Caribéens, donc Américains à notre manière.* C'est par la Créolité que nous cristalliserons l'Antillanité, ferment d'une civilisation antillaise. Nous voulons penser le monde comme une harmonie polyphonique : rationnelle/irrationnelle, achevée/complexe, unie/diffractée... La pensée complexe d'une créolité elle-même complexe peut et doit nous y aider. La créolité exprimée frémit de la vie du Tout-monde, c'est le Tout-monde dans une dimension particulière, et une forme particulière du Tout-monde.

Le monde va en état de créolité. Les vieilles crispations nationales cèdent sous l'avancée de fédérations qui elles-mêmes ne vivront peut-être pas longtemps. Dessous la croûte universelle totalitaire, le Divers s'est maintenu [42] en petits peuples, en petites langues, en petites cultures. Le monde standardisé grouille contradictoirement dans le Divers. Tout se trouvant mis en relation avec tout, les visions s'élargissent, provoquant le paradoxe d'une mise en conformité générale et d'une exaltation des différences. Et nous pressentons que Babel n'est irrespirable que pour les espaces étroits. Que cela ne sera pas un souci pour la grande voix de l'Europe que l'on parle breton en Bretagne, corse en Corse, que cela ne sera pas un souci pour le Maghreb unifié que l'on parle berbère en Kabylie, ou que l'on affirme ses manières en pays touareg. La capacité d'intégrer le divers a toujours été l'apanage des grandes puissances. Les cultures se fondent, se répandent en subcultures qui génèrent elles-mêmes d'autres agrégats culturels. Penser le monde aujourd'hui, l'identité d'un homme, le principe d'un peuple ou d'une culture, avec les appréciations du dix-huitième ou du dix-neuvième siècle serait une pauvreté. De plus en plus émergera une nouvelle humanité qui aura les caractéristiques de notre humanité créole : toute la complexité de la Créolité. Le fils, né et vivant à Pékin, d'un Allemand ayant épousé une Haïtienne, sera écartelé entre plusieurs langues, plusieurs histoires, pris dans l'ambiguïté torrentielle d'une identité mosaïque. Il devra, sous peine de mort créative, la penser dans toute sa complexité. *Il sera en état de créole.* C'est cela que nous avons préfiguré. Notre plongée dans notre créolité, avec les ressources de l'Art, est une mise en relation avec le monde, des plus extraordinaires et des plus justes. Exprimer la Créolité sera exprimer les *étants* mêmes du monde[43]. Ce que nous avons ressenti, notre acquis émotionnel, nos douleurs, nos incertitudes, l'étrange curiosité de ce que l'on a cru être nos tares, servira dans notre expression réalisée à bâtir l'Être harmonieux du monde dans la diversité.

La Créolité nous libère du monde ancien. Mais, dans ce nouveau ballant, nous rechercherons le maximum de communicabilité compatible avec l'expression extrême d'une particularité. Sera créole l'œuvre qui, exaltant dedans sa cohérence, la diversité des significations conservera cette marque qui fonde sa pertinence[44] quelle que soit la façon dont on la lira, le lieu culturel d'où on la percevra, la problématique dans laquelle on la ramènera. Notre plongée dans la Créolité ne sera pas incommunicable mais elle ne sera non plus pas totalement communicable. Elle le sera avec ses opacités, l'opacité que nous restituons aux processus de la communication entre les hommes [45]. S'enfermer dans la Créolité eût été contredire son principe constitutif – la nier. C'eût été transformer l'émotion initiale en une mécanique creuse, tournant à vide, s'appauvrissant à mesure, comme ces civilisations dominatrices aujourd'hui effondrées. Une des conditions de notre survie en tant que Créoles (ouverts-complexes) c'est le maintien de la conscience du monde dans l'exploration constructive de notre complexité culturelle originelle. Que cette conscience l'exalte et l'enrichisse. Notre diversité première sera inscrite dans un processus intégrateur de la diversité du monde, reconnue et acceptée comme permanente. Notre créolité devra s'acquérir, se structurer, se préserver, tout en se modifiant et tout en avalant. *Subsister dans la diversité* [46]. L'application de ce double mouvement favorisera notre vitalité créatrice en toute authenticité. Cela nous évitera aussi un retour à l'ordre totalitaire de l'ancien monde, rigidifié par la tentation de l'Un et du définitif. Au cœur de notre créolité, nous maintiendrons la modulation de lois nouvelles, de mélanges illicites. Car nous savons que chaque culture n'est jamais un achèvement mais une dynamique constante chercheuse de questions inédites, de possibilités neuves, qui ne domine pas mais qui entre en relation, qui ne pille pas mais qui échange. Qui respecte. C'est une folie occidentale qui a brisé ce naturel. Signe clinique : les colonisations. La culture vivante, et la Créolité encore plus, est une excitation permanente de désir convivial. Et si nous recommandons à nos créateurs cette exploration de nos particularités c'est parce qu'elle ramène au naturel du monde, hors du *Même* et de *l'Un,* et qu'elle oppose à l'Universalité, la chance du monde diffracté mais recomposé, l'harmonisation consciente des diversités préservées : la DIVERSALITÉ.

Conférence prononcée
le dimanche 22 Mai 1988
au Festival caraïbe de la
Seine-Saint-Denis.

ANNEXE

Créolité et politique

La revendication de la Créolité n'est pas seulement de nature esthétique comme nous l'avons vu, elle présente des ramifications importantes dans tous les domaines d'activités de nos sociétés et notamment dans ceux qui en sont les moteurs : le Politique et l'Économique. Elle s'articule, en effet, sur le mouvement de revendication d'une pleine et entière souveraineté de nos peuples sans pour autant se reconnaître tout à fait dans les différentes idéologies qui ont soutenu cette revendication à ce jour. Cela signifie qu'elle se défie en premier lieu d'une sorte de marxisme primaire qui veut que les questions culturelles et partant d'identité trouveront automatiquement leur résolution une fois la Révolution opérée. Ainsi formulée, le plus souvent de bonne foi, il convient d'y insister, cette théorie a souvent dispensé nos leaders et nos organisations politiques de réfléchir en profondeur au contenu d'une vraie culture martiniquaise, guadeloupéenne ou guyanaise. Nous nous écartons aussi de cette forme de nationalisme quelque peu borné qui fait du Martiniquais un étranger pour le Guadeloupéen et vice versa. Sans nier les différences

55

entre nos peuples, nous tenons à affirmer que ce qui les rassemble est plus vaste que ce qui les oppose et que le travail d'un défenseur de la souveraineté du peuple martiniquais consiste aussi à rapprocher son combat le plus possible de celui du peuple guadeloupéen et guyanais, et inversement.

La Créolité dessine l'espoir d'un premier regroupement possible au sein de l'Archipel caribéen : celui des peuples créolophones d'Haïti, de Martinique, de Sainte-Lucie, de Dominique, de Guadeloupe et de Guyane, rapprochement qui n'est que le prélude à une union plus large avec nos voisins anglophones et hispanophones. C'est dire que pour nous, l'acquisition d'une éventuelle souveraineté mono-insulaire ne saurait être qu'une étape (que nous souhaiterions la plus brève possible) sur la route d'une fédération ou d'une confédération caraïbe, seul moyen de lutter efficacement contre les différents blocs à vocation hégémonique qui se partagent la planète. Dans cette perspective, nous affirmons notre opposition au processus actuel d'intégration sans consultation populaire des peuples desdits départements français d'Amérique au sein de la Communauté européenne. Notre première solidarité est d'abord avec nos frères des îles avoisinantes et dans un deuxième temps avec les nations d'Amérique du Sud.

Nous demeurons persuadés que faute d'avoir intégré à leur stratégie la réinstallation de nos peuples au sein de cette culture créole, miraculeusement forgée au cours de trois siècles d'humiliation et d'exploitation, nos dirigeants politiques nous préparent des lendemains qui déchantent, des États d'où seront absents les principes démocratiques les plus élémentaires, seuls gages d'un réel développement économique. Cela nous permet de dire que notre inclination va vers un régime de type multipartisan, multisyndical et multiconfessionnel, en rupture complète avec les phantasmes de l'homme providentiel, et du père de la nation qui ont fait tant de mal dans nombre de pays du tiers monde et d'Europe de l'Est. Il ne s'agit nullement d'une allégeance aux modèles politiques occidentaux mais de la simple reconnaissance que l'égalité entre les hommes ne peut être instaurée de façon durable sans qu'elle ne s'accompagne, dans le même ballant, de la liberté de penser, d'écrire et de voyager. Il n'y a pas, pour nous, de *libertés formelles*. Toutes les libertés, à condition qu'elles n'entravent pas la bonne marche de la société, sont bonnes à prendre.

NOTES

1. « Le surréalisme apparaissait " positivement " comme apportant : une contestation de la société occidentale, une libération verbale, une puissance de scandale (...) " négativement " comme facteur de passivité (André Breton comme maître), lieu de références floues (la vie, le feu, le poète), absence de pensée critique dans le social, croyance en l'homme d'élection. Le rapport fut souligné des puissances de l'imaginaire, de l'irrationnel, de la folie, aux puissances nègres de l'" élémentaire " *(Tropiques).* Mais l'opinion fut soutenue que le Surréalisme tend à réduire les " particularités " et la spécificité, qu'il tend à raturer par la négation simple le problème racial, qu'il entretiendrait donc paradoxalement (et par généralisation généreuse mais abusive) une tendance à l'européocentrisme. » É. Glissant, *Le Discours antillais,* Éditions du Seuil, 1981.

2. Le vernaculaire dans *Et les chiens se taisaient* d'Aimé Césaire, *Cf.* les travaux en cours d'Annie Dyck. Thèse de doctorat à l'Université des Antilles et de la Guyane.

3. Ce qui revenait, en fait, à se placer à l'extérieur de la dimension nègre de notre être créole. Mais quel bonheur, à l'époque, de se trouver une âme mieux conforme aux dominantes de notre typologie!... C'est l'époque où beaucoup de nos créateurs, de nos écrivains, s'envolèrent vers l'Afrique croyant partir à la rencontre d'eux-mêmes...

4. Engagement qui, en définitive, était une des manifestations de l'extériorité : « La majorité des personnes interrogées sur la littérature en Haïti demande de l'auteur haïtien un engagement ; peu d'entre elles ont effectivement lu ne serait-ce qu'un seul des ouvrages de cette littérature. Et malgré les efforts des écrivains, bien peu de choses ont changé en Haïti grâce à eux. La communication est continuellement rompue faute de lecteurs : pourquoi dans ces conditions l'écrivain ne modifie-t-il pas

la teneur de son texte, ou n'abandonne-t-il pas simplement ce moyen? Une seule réponse s'impose : L'écrivain a cédé aux demandes du monde littéraire extérieur en choisissant d'adopter des formes d'expression reconnues. Il a également cédé aux exigences d'un public qui lui demande de s'occuper de ses problèmes. Mais il échoue des deux côtés car il n'est ni reconnu ni écouté par ses compatriotes...» U. Fleishmann, *Écrivain et société en Haïti.* Centre de recherches Caraïbes 1976.

5. Cette révolte se rangeait peut-être à cette argumentation des colonialistes du type suivant : Avant notre arrivée il n'y avait qu'une île et quelques sauvages. C'est nous qui vous y avons emmenés. Il n'y avait là nul peuple, nulle culture, nulle civilisation établie, que nous aurions colonisés. Vous n'existez que par la colonisation, alors où est la colonisation?...

6. « D'une façon générale, la littérature d'une société véhicule des modèles selon lesquels une société se perçoit et se juge. En principe au moins, ces modèles soutiennent l'action des individus et des groupes et la poussent à se conformer aux images qu'ils tracent. Mais il faut pour cela qu'il existe une cohérence entre les modèles idéaux et la réalité, c'est-à-dire que ceux-ci doivent au moins partiellement pouvoir s'actualiser dans le temps et l'espace accessibles. L'émergence d'une littérature engagée est en rapport avec le refus de la réalité actuelle d'une société : sollicité par le public, l'écrivain exprime des modèles qui doivent le guider dans l'appréhension d'une nouvelle réalité. L'écrivain haïtien quant à lui (...) façonne son idéal sur l'ancienne métropole, ou sur une autre société, au point de s'identifier totalement à elle. Pour que la réalité haïtienne lui devienne accessible, il faudrait qu'elle se transforme jusqu'à ressembler à cette autre réalité. Ce divorce entre le quotidien et l'idéal rêvé empêchant alors que les modèles aient un impact sur la réalité. » U. Fleishmann, *op. cit.*

7. « C'était à une conférence de Daniel Guérin, explique É. Glissant, prononcée devant les étudiants de l'Association générale des étudiants martiniquais, en 1957 ou 1958. Daniel Guérin qui venait d'appeler à une Fédération des Antilles dans son ouvrage *Les Antilles décolonisées,* s'étonna pourtant de ce néologisme qui supposait plus qu'un accord politique entre pays antillais » in *Le Discours antillais, op. cit.*

« Le réel est indéniable : cultures issues du système des plantations; civilisation insulaire (où la mer Caraïbe diffracte, là où par exemple on estimera qu'une mer elle aussi civilisatrice, la Méditerranée, avait d'abord une puissance d'attraction et de concentration); peuplement pyramidal avec une origine africaine ou hindoue à la base, européenne au sommet;

langues de compromis ; phénomène culturel général de créolisation ; vocation de la rencontre et de la synthèse ; persistance du fait africain ; culture de la canne, du maïs et du piment ; lieu de combinaison des rythmes ; peuples de l'oralité. Ce réel est virtuel. Il manque à l'antillanité : de passer du vécu commun à la conscience exprimée ; de dépasser la postulation intellectuelle prise en compte par les élites du savoir et de s'ancrer dans l'affirmation collective appuyée sur l'acte des peuples. » É. Glissant, *op. cit.*

8. *Malemort.* É. Glissant, Seuil, 1975.

9. *Dézafi.* Frankétienne, Éd. Fardin. Port-au-Prince, 1975.

10. « Premiers levés qui ferez glisser de votre bouche le bâillon d'une inquisition insensée – qualifiée de connaissance – et d'une sensibilité exténuée, illustration de notre temps, qui occuperez tout le terrain au profit de la seule vérité poétique constamment aux prises, elle, avec l'imposture, et indéfiniment révolutionnaire, à vous. » René Char, *Recherche de la base et du sommet. Bandeau des matinaux,* Gallimard, 1950.

11. L'action folklorique est, du point de vue de la simple conservation d'éléments du patrimoine, absolument nécessaire. Des hommes comme Loulou Boislaville et d'autres ont été pour cela déterminants.

12. Le mot créole viendrait de l'espagnol « criollo », lui-même découlant du verbe latin « criare » qui signifie « élever, éduquer ». Le Créole est celui qui est né et a été élevé aux Amériques sans en être originaire, comme les Amérindiens. Assez vite, ce terme a désigné toutes les races humaines, tous les animaux et toutes les plantes qui ont été transportés en Amérique à partir de 1492. Il s'est donc glissé une erreur dans les dictionnaires français à compter du début du dix-neuvième siècle, lesquels ont réservé le terme « Créole » aux seuls Blancs créoles (ou Béké). Quoi qu'il en soit, l'étymologie est, comme chacun sait, un terrain miné et donc peu sûr. Il n'est donc nul besoin de s'y référer pour aborder l'idée de Créolité.

13. « Le créole apparaît comme la meilleure donnée qui permette, de manière évolutive et dynamique, de *cadrer* l'identité des Antillais et des Guyanais. C'est que, par-delà les langues et les cultures créoles, il y a une *matrice* (bway) créole qui, au plan de l'universel, transcende leur diversité. » *Charte culturelle créole.* GEREC 1982.

14. De ce point de vue, l'approche du GEREC est intéressante : « La Créolité renvoie dos à dos tous les " arrière-mondes " pour construire l'avenir sur des bases *transraciales* et *transculturelles* (...). Pas seulement un faisceau de cultures, la Créolité est l'expression concrète d'une civilisation en gestation. Sa genèse cahoteuse et âpre, est à l'œuvre en chacun

61

d'entre nous (...). La Créolité est un pôle magnétique à l'aimantation duquel nous sommes sommés – sauf à perdre notre âme – de régler notre réflexion et notre sensibilité. Son approfondissement à tous les niveaux et sur tous les plans de l'engagement individuel et social, devrait permettre à nos sociétés d'accomplir leur *troisième grande rupture,* et cette fois non pas sur le mode de l'exclusion, mais sur le mode communautaire...» *Charte culturelle créole,* GEREC, *op. cit.*

15. Le peintre martiniquais José Clavot démontra au cours d'un colloque consacré à Lafcadio Hearn (en 1987) qu'il pouvait y avoir une perception créole de la gamme chromatique, ce qui pouvait fonder une esthétique picturale créole.

16. Ne pas réduire la Créolité à la seule culture créole. C'est la culture créole dans sa situation humaine et historique, mais c'est aussi un *état* d'humanité intermédiaire.

17. Voir Ina Césaire (*Contes de vie et de mort,* Éd. Nubia, 1976), Roland Suvélor (*in* Acoma, n° 3, Éd. Maspero, 1972), René Ménil et Aimé Césaire (in *Tropiques,* n° 4, réédité en 1978), Édouard Glissant (in *Discours antillais, op. cit.*).

18. « Au fur et à mesure que le système des plantations se décompose, la culture populaire se délite. La production de contes, chansons, dictons, proverbes, ne disparaît pas d'un coup; s'y substitue pendant quelques temps une consommation béate et comme satisfaite (...). Les professions libérales et de prestige seront massivement investies entre 1946 et 1960 et connaîtront bientôt la saturation. Pendant cette longue période, où d'abord les bourgs se juxtaposent à la plantation (1850-1940) (...) les textes littéraires produits le sont dans le champ de l'écrit et par le biais de cette couche moyenne. L'oralité de la littérature traditionnelle est refoulée par la vague de l'écriture *qui n'en prend pas le relais.* La béance est infinie, des caractéristiques du conte aux volutes du poème néoparnassien, par exemple. » É. Glissant, *op. cit.*

19. « Ses caractères sont donnés dans une telle approche. Les brusques retours de tons, la continue rupture du récit et ses " déports ", dont l'accumulation fait la non-équivoque mesure de l'ensemble. La soudaineté psychologique, c'est-à-dire en fait l'absence de toute description psychologique donnée en tant que telle. La psychologie est la mesure de qui a le temps. » É. Glissant, *op. cit.*

« L'économie d'une moralité : l'extrême finesse qui consiste à reprendre à chaque fois le même type de situation et à se garder d'en proposer des " résolutions " exemplaires. L'art du Détour. » É. Glissant, *op. cit.*

« La démesure, c'est-à-dire en premier lieu la liberté absolue par rapport à toute crainte paralysante de l'exercice tautologique. L'art de la répétition est neuf et fécond. Ressasser le texte est une jouissance. L'onomatopée ou, plus au fond, la mélopée, tournent dans la saoulerie du réel. La relativité du " victimaire " qui n'est pas solennel (...). Le conte nous a donné le Nous, en exprimant de manière implicite que nous avons à le conquérir. » É. Glissant, *op. cit.*

20. « La situation historique n'est pas ici un arrière-plan, un décor devant lequel les situations humaines se déroulent, mais est en elle-même une situation humaine, une situation existentielle en agrandissement. » Milan Kundera, *L'Art du roman*, Gallimard, 1986.

« Parce que la mémoire historique fut trop souvent raturée, l'écrivain antillais doit " fouiller " cette mémoire, à partir de traces parfois latentes qu'il a repérées dans le réel. Parce que la conscience antillaise fut balisée de barrières stérilisantes, l'écrivain doit pouvoir exprimer toutes les occasions où ces barrières furent partiellement brisées. Parce que le temps antillais fut stabilisé dans le néant d'une non-histoire imposée, l'écrivain doit contribuer à rétablir sa chronologie tourmentée, c'est-à-dire dévoiler la vivacité féconde d'une dialectique réamorcée entre nature et culture antillaises. » É. Glissant, *op. cit.*

« En ce qui nous concerne, l'histoire en tant que conscience à l'œuvre et l'histoire en tant que vécu ne sont donc pas l'affaire des seuls historiens. La littérature pour nous ne se répartira pas en genres mais impliquera toutes les approches des sciences humaines... » É. Glissant, *op. cit.*

21. « Notre paysage est son propre monument : la trace qu'il signifie est repérable par en dessous. C'est tout histoire. » É. Glissant, *op. cit.*

22. Notre propos n'est pas de dire que, riche de la vision intérieure, la connaissance romanesque, ou poétique, serait supérieure à une connaissance scientifique historique ou transdisciplinaire, mais seulement de souligner à quel point tout d'abord elle s'impose, ensuite à quelle intensité elle peut explorer ce qui est inaccessible aux savants. Ce n'est pas un hasard si, pour l'histoire antillaise, tant d'historiens utilisent des citations littéraires pour surprendre des principes qu'ils ne peuvent qu'effleurer du fait même de leur méthodologie. La connaissance artistique complète la connaissance scientifique pour la rapprocher des complexités du réel.

23. É. Glissant, *op. cit.*

24. « Car l'histoire n'est pas seulement pour nous une absence, c'est un vertige. Ce temps que nous n'avons jamais eu, il nous faut le reconquérir. Nous ne le voyons pas s'étirer dans notre passé et nous porter tranquilles vers demain, mais faire irruption en nous par blocs, charroyés

dans des zones d'absence où nous devons difficilement, douloureusement, tout recomposer », É. Glissant, *op. cit.*

25. « Le roman n'examine pas la réalité mais l'existence. Et l'existence n'est pas ce qui s'est passé, l'existence est le champ des possibilités humaines, tout ce que l'homme peut devenir, tout ce dont il est capable. Les romanciers dessinent *la carte de l'existence,* en découvrant telle ou telle possibilité humaine. Mais encore une fois : exister cela veut dire : " être-dans-le-monde ". » Milan Kundera, *op. cit.*

26. La littérature n'a pas pour vocation de transformer le monde, tout au plus aide-t-elle à en saisir les profondeurs cachées, contribuant ainsi, à l'instar de la musique et de la peinture, à le rendre plus supportable, à le connaître mieux. L'écrivain, dans l'acte d'écrire, n'est et ne peut être un militant, un syndicaliste ou un révolutionnaire, sinon il se condamne à être à la fois un mauvais écrivain et un piètre militant. Nous croyons qu'une littérature qui décrypte soigneusement notre réel possède une force de vérité (et donc de questionnement) cent fois plus efficace que toutes les œuvres de dénonciation et de démonstrations d'axiome aussi généreux soient-ils. La valorisation de notre quotidienneté créole ne passe pas par les slogans mais plutôt par un effort de poétisation car le réel est en lui-même révolutionnaire quand il passe par le prisme d'une écriture soucieuse de mettre au jour ses soubassements. Aussi croyons-nous que la meilleure façon de participer au combat multi-séculaire que mènent nos peuples pour se libérer des entraves coloniales ou impériales, est de consolider à travers nos écrits cette culture créole que nos oppresseurs se sont toujours employés à minorer.

27. « Ces littératures n'ont pas le temps d'évoluer harmonieusement, du lyrisme collectif d'Homère aux dissections rêches de Beckett. Il leur faut tout assumer tout d'un coup, le combat, le militantisme, l'enracinement, la lucidité, la méfiance envers soi, l'absolu d'amour, la forme du paysage, le nu des villes, les dépassements et les entêtements. C'est ce que j'appelle notre irruption dans la modernité (...). Nous n'avons pas de tradition littéraire longuement mûrie : nous naissons à la brutalité, je crois que c'est un avantage et non pas une carence. La patine culturelle m'exaspère quand elle n'est pas fondée dans une lente coulée du temps. La " patine " culturelle, quand elle ne résulte pas d'une tradition ou d'un agir, devient provincialisme vide. Nous n'avons pas le temps, il nous faut porter partout l'audace de la modernité. Le provincialisme est confortable à celui qui n'a pas fait sa capitale en lui, et il me semble qu'il nous faut dresser nos métropoles en nous-mêmes. L'irruption dans la modernité, l'irruption hors tradition, hors la " continuité " littéraire, me paraît

être une marque spécifique de l'écrivain américain quand il veut signifier la réalité de son entour. » É. Glissant, *op. cit.*

28. « La modernité commence avec la recherche d'une littérature impossible. » Roland Barthes, *Le Degré zéro de l'écriture*, Seuil, 1972.

« Certains jours il ne faut pas craindre de nommer les choses impossibles à décrire. » René Char, *Recherche de la base et du sommet*, Gallimard, 1955.

« Seule est émouvante l'orée de la connaissance. (Une intimité trop persistante avec l'astre, les commodités sont mortelles) », R. Char, *op. cit.*

« L'impossible, nous ne l'atteignons pas mais il nous sert de lanterne. » R. Char, *op. cit.*

« Être du bond. N'être pas du festin, son épilogue. » R. Char, *Fureur et mystère*, Gallimard, 1962.

29. « J'appelle ici langage une série structurée et consciente d'attitudes face à (de relation ou de complicité avec, de réactions à l'encontre de) la langue qu'une collectivité pratique, que cette langue soit maternelle au sens que j'ai dit, ou menacée, ou partagée, ou optative, ou imposée. La langue crée le rapport, le langage crée la différence, l'un et l'autre aussi précieux », É. Glissant, *op. cit.* « Dans toutes langues autorisées tu bâtiras ton langage », É. Glissant, *L'Intention poétique*, Seuil, 1969. « Je te parle dans ta langue et c'est dans mon langage que je te comprends. » É. Glissant, *op. cit.*

30. Véritable phénomène d'interactions négatives : langue créole, culture créole, créolité. Chacune, dénigrée, entraîne l'autre dans le dénigrement, une sorte de machine infernale à l'amorce indéchiffrable : laquelle a été touchée d'abord pour entraîner les autres?

31. Époque de la grande chasse au créole et aux créolismes. Elle se poursuit aujourd'hui encore mais sous une forme plus sournoise.

32. On doit y ajouter la connaissance de l'espagnol et de l'anglais caribéens, clés de notre espace.

33. On ne peut que regretter l'absence de suite au cri du GEREC : « Nous souhaitons vivement qu'une structure permanente s'installe au plus tôt afin de regrouper et de coordonner l'action des chercheurs, des enseignants, des artistes, des créateurs, des animateurs et des administrateurs, qui seraient prêts à œuvrer pour la consolidation concertée de notre culture en péril. La création d'une maison des sciences humaines et de la Créolité (Gran kaz pou wouchach kréyol) s'avère donc nécessaire. » *Charte culturelle créole, op. cit.*

34. Dans « Les Antilles dans l'impasse, Des intellectuels antillais s'expliquent », Éd. Caribéennes et l'Harmattan, 1976.

35. « Le langage, c'est réellement les fondations mêmes de la culture.

Par rapport au langage, tous les autres systèmes sont accessoires et dérivés. »
R. Jakobson, cité par Umberto Eco, dans *L'Œuvre ouverte*, Seuil, 1965.

36. « On ne peut pas opposer le créole et le français sur le mode générique langue nationale/langue de l'occupant ; ce qui ne veut pas dire que cette relation précise n'est pas une relation coloniale. Mais précisément, toutes les relations coloniales ne sont pas identiques. Malgré son caractère dominant (au plan social) le français a acquis une certaine *légitimité* dans nos pays. Si dans bien des cas, il est *une langue seconde,* il ne saurait être considéré en Guadeloupe, en Guyane, en Martinique, comme une langue étrangère, avec toutes les implications psychologiques que comporte cette notion. » *Charte culturelle créole*, GEREC, *op. cit.*

37. Acadie, Québec, Louisiane, Maghreb, Afrique noire francophone... Devenues autonomes les langues véhiculaires recouvrent aujourd'hui des problématiques absolument différentes, voire contraires : langue dominée en Acadie, le français est une langue dominante en Martinique. Pour signer ce texte les Acadiens auraient commencé par : *« Nous avons décidé de ne pas être Anglais... »*

38. Ici on l'a appelé *fransé-bannann*. Dans ce français martiniquais ou guadeloupéen, il existe une dimension fautive (méconnaissance de la langue) et une dimension d'appropriation (appelée improprement créolisme). Instituteurs et parents, mettant le tout dans le même sac, ont assassiné l'usage responsable de la langue (donc créateur) en croyant réduire seulement la dimension fautive. De plus, un usage créateur de la langue française n'intéressait personne : pas toucher à l'idole...

39. « Il ne s'agit pas de créoliser le français mais d'explorer l'usage responsable (la pratique créatrice) qu'en pourraient avoir les Martiniquais. » É. Glissant, *op. cit.*

Il ne s'agit pas non plus de ce que dénonçait le GEREC : Aspirés par « l'Univers linguistique français, les intellectuels – et particulièrement les écrivains – antillais et guyanais développent une attitude soit de révérence, soit au contraire, plus rarement, de subversion envers la langue française. Dans tous les cas, leur rapport à cette langue reste éminemment fétichisé, sacral, religieux (même s'il est blasphématoire). L'idéologie marroniste, en littérature, est une tentative pour justifier la coupure d'avec le monde créole et l'installation – souvent lucrative – dans le système linguistique francophone. Il importe dès lors de s'auréoler du prestige compensatoire du guérillero œuvrant en plein cœur de la citadelle ennemie, afin de mettre en œuvre une prétendue stratégie du rapt (bawouf, koutjanm), du détournement de la langue du maître. » *Charte culturelle créole, op. cit.*

40. L'usage de l'argot français par des écrivains antillais, argot qui est déjà en soi une identité dressée dans la langue, est aussi nous semble-t-il un redoutable déport culturel. Là on quitte le champ neutre de la langue pour entrer dans une dimension particulière : on adopte à la fois une vision du monde et une vision de la langue elle-même.

41. « La langue est en deçà de la littérature (...). Ainsi sous le nom de style, se forme un langage autarcique qui ne plonge que dans la mythologie personnelle et secrète de l'auteur, dans cette hypophysique de la parole, où se forme le premier couple des mots et des choses, où s'installent une fois pour toutes les grands thèmes verbaux de son existence (...). C'est l'Autorité du style, c'est-à-dire *le lien absolument du langage et de son double de chair,* qui impose l'écrivain comme une fraîcheur au-dessus de l'Histoire (...). L'identité formelle de l'écrivain ne s'établit véritablement qu'en dehors de l'installation des normes de la grammaire et des constantes du style, là où le continu écrit, rassemblé et enfermé d'abord dans une nature linguistique parfaitement innocente, va devenir enfin un signe total, le choix d'un comportement humain (...). » Roland Barthes, *op. cit.*

42. « Je conviens de nommer " Divers " tout ce qui jusqu'aujourd'hui fut appelé étranger, insolite, inattendu, surprenant, mystérieux, amoureux, surhumain, héroïque, et divin même. Tout ce qui est Autre. » Victor Segalen, *Essai sur l'exotisme,* Livre de poche, 1986, réédition.

« Le Divers qui n'est pas le chaotique ni le stérile, signifie l'effort de l'esprit humain vers une relation transversale, sans transcendance universaliste. Le Divers a besoin de la présence des peuples, non plus comme objet à sublimer, mais comme projet à mettre en relation. Comme le Même a commencé par la rapine expansionniste en Occident, le Divers s'est fait jour à travers la violence politique et armée des peuples. Comme le Même s'élève *dans* l'extase des individus, le Divers se répand par l'élan des communautés. Comme l'Autre est la tentation du Même, le Tout est l'exigence du Divers. » É. Glissant, *op. cit.*

43. « Même hypothétisée, la totalité devient facilement totalitaire quand elle se dispense de recenser les *étants.* » É. Glissant, *op. cit.*

44. « Au fond, une forme est esthétiquement valable justement dans la mesure où elle peut être envisagée et comprise selon des perspectives multiples, où elle manifeste une grande variété d'aspects et de résonances sans jamais cesser d'être elle-même. » Umberto Eco, *op. cit.*

45. « Partons donc de cet aveu d'impénétrabilité. Ne nous flattons pas d'assimiler les mœurs, les races, les nations, les autres ; mais au contraire

réjouissons-nous de ne le pouvoir jamais; nous réservant ainsi la perdurabilité du plaisir de sentir le Divers. » V. Segalen, *op. cit.*

« [...] la translittération des œuvres s'opère selon des règles si capricieuses qu'on ne voit pas trop comment les formuler. Des auteurs que l'on jugerait à première vue peu exportables à cause du fort accent étranger qu'ils gardent jusque dans les meilleures traductions, ou parce qu'ils doivent leur singularité à des conditions de vie et de création étroitement locales, passent les frontières sans encombre et se répandent avec succès dans le vaste monde – parfois d'emblée, parfois au contraire bien avant qu'ils n'aient été reconnus et compris dans leur domaine national (c'est le cas de Kafka [...]). D'autres en revanche, qui semblent devoir parler aux hommes de partout, grâce à une œuvre exempte de couleur locale et d'idiotismes par trop alambiqués, piétinent indéfiniment aux portes de la bibliothèque universelle et ne trouvent pas accueil même chez leurs plus proches voisins. » Marthe Robert, *Livre de lectures*, Grasset, 1977.

46. « L'unité ne se représente à elle-même que dans la diversité. » V. Segalen, *op. cit.*

In praise
of Creoleness

For
AIMÉ CÉSAIRE
For
ÉDOUARD GLISSANT
ba
FRANKÉTYÈN

" *It is through difference and in diversity that
Existence is elated.*

Diversity decreases.
That is the great danger. "
Victor SEGALEN

" *Dub it free in order
to produce from its closed intimacy
the succulence of fruit.* "
Aimé CÉSAIRE

" *Don't be the beggers of the Universe
when the drums establish the outcome.* "
Édouard GLISSANT

" *What a colossal task is the inventory of reality!* "
Franz FANON

PROLOGUE

Neither Europeans, nor Africans, nor Asians, we proclaim ourselves Creoles. This will be for us an interior attitude – better, a vigilance, or even better, a sort of mental envelope in the middle of which our world will be built in full consciousness of the outer world. These words we are communicating to you here do not stem from theory, nor do they stem from any learned principles. They are, rather, akin to testimony. They proceed from a sterile experience which we have known before committing ourselves to reactivate our creative potential, and to set in motion the expression of what we are. They are not merely addressed to writers, but to any person of ideas who conceives our space (the archipelago and its foothills of firm land, the continental immensities), in any discipline whatsoever, who is in the painful quest for a more fertile thought, for a more precise expression, for a truer art. May this positioning serve them as it serves us. Let it take part of the emergence, here and there, of verticalities which would maintain their Creole identity and elucidate it at the same time, opening thus for us the routes of the world and of freedom.

Caribbean literature does not yet exist. We are still in a state of preliterature : that of a written production without a home audience, ignorant of the authors/readers interaction which is the primary condition of the development of a literature. This situation is not imputable to the mere political domination, it can also be explained by the fact that our truth found itself behind bars, in the deep bottom of ourselves, unknown to our consciousness and to the artistically free reading of the world in which we live. We are fundamentally stricken with exteriority. This from a long time ago to the present day. We have seen the world through the filter of western values, and our foundation was " exoticized " by the French vision we had to adopt. It is a terrible condition to perceive one's interior architecture, one's world, the instants of one's days, one's own values, with the eyes of the other. All along overdetermined, in history, in thoughts, in daily life, in ideals (even the ideals of progress), caught in the trick of cultural dependence, of political dependence, of economic dependence, we were deported out of ourselves at every moment of our scriptural history. This determined a writing for the Other, a borrowed writing, steeped in French values, or at least unrelated to this land, and which, in spite of a few positive aspects, did nothing else but maintain in our minds the domination of an elsewhere.... A perfectly noble elsewhere, of course, ideal ore to look forward to, in the name of which we were supposed to break the gangue of what we were. Against a controversial, partisan, and anachronistic appreciation of history, however, we want to reexamine the terms of this indictment and to promote of the people and facts of our scriptural continuum, a true idea. Neither obliging, nor conniving, but supportive.

During the first periods of our writing, this exteriority provoked a mimetic expression, both in the French language and in the Creole language. We unquestionably had our clock-makers of the sonnet and the alexandrine. We had our fabulists, our romantics, our parnassians, our neoparnassians, not to mention the symbolists. Our poets used to indulge in bucolic drifts, enraptured by Greek muses, polishing up the ink tears of a love not shared by the olympian Venus. This was, said the critics and they had a point, more than secondhand cultural dealing : it was the quasi-complete acquisition of another identity. These zombies were ousted by those who wanted to be part of their native biotope — those who planted their eyes on themselves and our environment, but with a strong exteriority as well, with the eyes of the Other. They saw of their being what France saw through its preachers-travellers, its chroniclers, its visiting painters and poets, or its great tourists. Between the blue sky and the coconut trees blossomed a heavenly writing, first naive and then critical, after the fashion of the indigenists of Haiti. The local cultural coloration was sung in a scription which deserted totality, the truths then depreciated of what we were. It was desperately perceived in subsequent

77

militant criticism as a regional writing, so-called doudouist, and therefore thin : another way of being exterior. However, if, like Jack Corzani in his *Histoire de la
littérature des Antilles-Guyane* (Éditions Désormaux 1978),
we were to examine this writing *(from René Bonneville to
Daniel Thaly, from Victor Duquesnay to Salavina, from Gilbert de Chambertrand to Jean Galmot, from Léon Belmont to
Xavier Eyma, from Emmanuel Flavia-Léopold to André Thomarel, from Auguste Joyau to Paul Baudot, from Clément
Richer to Raphaël Tardon, from Mayotte Capécia to Marie-
Magdeleine Carbet...)*, it would appear that it actually kept
a reserve of wicks capable of bringing sparks to our
obscurities. The best evidence is that given us by the
Martinican writer Gilbert Gratiant throughout his monumental Creole work : *Fab Compè Zicaque* (Éditions Horizons Caraïbes 1958). A visionary of our authenticity,
Gratiant soon placed his scriptural expression on the
poles of both languages, both cultures, French and Creole, which magnetized from opposite directions the
compasses of our consciousness. And though he was in
many respects a victim of the unavoidable exteriority,
Fab Compè Zicaque remains nonetheless an extraordinary
investigation of the vocabulary, the forms, the proverbs,
the mentality, the sensibility, in a word, of the intelligence of this cultural entity in which we are attempting,
today, a salutary submersion. We call Gilbert Gratiant
and many other writers of this period the precious keep-
ers (often without their knowing) of the stones, of the
broken statues, of the disarranged pieces of pottery, of
the lost drawings, of the distorted shapes : of this ruined
city which is our foundation. Without all these writers,

we would have had to achieve this return " *to the native land* " with no signs of support of any kind, not even that of scattered fireflies which in bluish nights guide the grim hope of the lost traveller. And we believe that all these writers, especially Gilbert Gratiant, understood enough of our reality to create the conditions of the emergence of a multidimensional phenomenon which (totally, therefore unfairly, threatening but necessary, and spreading over several generations) was to over-shadow them : *Negritude.*

To a totally racist world, self-mutilated by its own colonial surgeries, Aimé Césaire restored mother Africa, matrix Africa, the black civilization. He denounced all sorts of dominations in the country, and his writing, which is committed and which derives its energy from the modes of war, gave severe blows to postslavery sluggishness. Césaire's Negritude gave Creole society its African dimension, and put an end to the amputation which generated some of the superficiality of the so called doudouist writing.

This brings us to free Aimé Césaire of the accusation – with Oedipal overtones – of hostility to the Creole language. We have committed ourselves to understand why, despite an advocated return " *to the deserted hide-ousness of our wounds* " Césaire did not seriously associate Creole to a scriptural practice forged on the anvils of the French language. There is no need to stir up this crucial question, and to quote the contrapuntal approach of Gilbert Gratiant who tried to invest both languages

79

of our ecosystem. It is important, however, that our reflection becomes phenomenological and considers the very roots of the Césairian phenomenon. A man of both " *initiation* " and " *ending* ", Aimé Césaire had exclusively the formidable privilege of symbolically reopening and closing again the circle in which are clasped two incumbent monsters : Europeanness and Africanness, two forms of exteriority which proceed from two opposed logics – one monopolizing our minds submitted to its torture, the other living in our flesh ridden by its scars, each inscribing in us after its own way its keys, its codes, its numbers. No, these two forms of exteriority could not be brought to the same level. Assimilation, through its pomps and works of Europe, tried unrelentingly to portray our lives with the colors of Elsewhere. Negritude imposed itself then as a stubborn will of resistance trying quite plainly to embed our identity in a denied, repudiated, and renounced culture. Césaire, an anti-Creole? Indeed not, but rather an *ante-Creole*, if we could venture such a paradox. It was Césaire's Negritude that opened to us the path for the actuality of a Caribbeanness which from then on could be postulated, and which itself is leading to another yet unlabelled degree of authenticity. Césairian Negritude is a baptism, the primal act of our restored dignity. We are forever Césaire's sons.

We had adopted Parnassus. With Césaire and Negritude we were steeped in Surrealism [1] *. It was obviously

* See notes on page 119.

unfair to consider Césaire's handling of the " Miraculous Weapons " of Surrealism as a resurgence of literary bovarism. Indeed, Surrealism blew to pieces ethnocentrist cocoons, and was in its very foundations the first reevaluation of Africa by Western consciousness. But, that the eyes of Europe should in the final analysis serve as a means for the rising of the buried continent of Africa, such was the reason for fearing risks of reinforced alienation which left few chances to escape from it except by a miracle : Césaire, thanks to his immense genius, soaked in the fire of a volcanic idiom, never paid tribute to Surrealism. On the contrary, he became one of the most burning figures of this movement, one of these figures we cannot understand without referring to the African substrate resuscitated by the operating powers of the verb. Yet African tropism did not prevent Césaire from very deeply embedding himself in the Caribbean ecology and referential space. And if he did not sing in Creole, the language he uses remains, as revealed namely by a recent reading of *Et les chiens se taisaient* [2], nonetheless more open than generally thought to the Creole emanations of these native depths.

Apart from the prophetic blaze of speech, Negritude did not set out any pedagogy of the Sublime. In fact, it never had any intention of doing so. Indeed, the prodigious power of Negritude was such that it could do without a poetics. Its brilliance shone, marking out with blinding signs the space of our blinkings, and it defused every thaumaturgic repetition much to the dismay of epigones. So that, even if it stimulated our ener-

81

gies with unheard of fervors, Negritude did not solve our aesthetic problems. At some point, it even might have worsened our identity instability by pointing at the most pertinent syndrome of our morbidities : self-withdrawal, mimetism, the natural perception of local things abandoned for the fascination of foreign things, etc., all forms of alienation. A violent and paradoxical therapy, Negritude replaced the illusion of Europe by an African illusion. Initially motivated by the wish of embedding us into the actuality of our being, Negritude soon manifested itself in many kinds of exteriority : *the exteriority of aspirations* (to mother Africa, mythical Africa, impossible Africa) and *the exteriority of self-assertion* (we are Africans) [3]. It was a necessary dialectical moment, an indispensable development. But it remains a great challenge to step out of it in order to finally build a new yet temporary synthesis on the open path of history, our history.

Epigones of Césaire, we displayed a committed writing, committed to the anticolonialist struggle [4], but consequently committed also outside any interior truth, outside any literary aesthetics. With screams. With hatred. With denunciations. With great prophetics and pedantic concepts. In that time, screaming was good. Being obscure was a sign of depth. Strangely enough, it was necessary and did us much good. We sucked at it as if it were a breast of Tafia. We were freed on the one hand, and enslaved on the other as we grew more and more involved in French ways. For if, during the Negrist rebellion, we protested against French colonization, it was always in the name of universal generalities thought in the Western way of thinking, and with no consideration for our cultural reality [5]. And yet Césairian Negritude allowed for the emergence of those who were to express the envelope of our Caribbean thought : abandoned in a dead end, some had to jump over the barrier (as did Martinican writer Edouard Glissant), others had to stay where they were (as did many), turning around the word Negro, dreaming of a strange black world, feeding on denunciations (of colonization or of Negritude itself), and were exhausted indulging in a really suspended writing [6], far from the land, far from the people, far from the readers, far from any authenticity except for an accidental, partial, and secondary one.

With Edouard Glissant we refused the trap of Negritude, and spelled out Caribbeanness [7], which was more a matter of vision than a concept. As a project it was not just aimed at abandoning the hypnoses of Europe and Africa. We had yet to keep a clear consciousness of our relations with one and the other : in their specificities, their right proportions, their balances, without obliterating or forgetting anything pertaining to the other sources conjugated with them; thus, to scrutinize the chaos of this new humanity that we are, *to understand* what the Caribbean is; to perceive the meaning of this Caribbean civilization which is still stammering and immobile; to embrace, like René Depestre, this American dimension, our space in the world; to explore, like Franz Fanon, our reality from a cathartic perspective;

to decompose what we are while purifying what we are by fully exhibiting to the *sun of consciousness* the hidden mechanisms of our alienation; to plunge in our singularity, to explore it in a projective way, to reach out for what we are... these are Edouard Glissant's words. The objective was prominent; if we wanted to apprehend this Caribbean civilization in its American space, we had to abandon screams, symbols, sensational comminations, and turn away from the fetishist claim of a universality ruled by Western values in order to begin the minute exploration of ourselves, made of patiences, accumulations, repetitions, stagnations, obstinacies, where all literary genres (separately or in the negation of their limits) as well as the transversal (and not just pedantic) use of all human sciences would take their share. Somewhat like with the process of archeological excavations : when the field was covered, we had to progress with light strokes of the brush so as not to alter or lose any part of ourselves hidden behind French ways.

This was easier to say than to do, because the paths of penetration in Caribbeanness were not marked out. We went around them for a long time with the helplessness of dogs on board a skiff. Glissant himself did not really help us, being taken by his own work, by his own rythm, and persuaded that he is writing for future generations. We received his texts like hieroglyphics in which we were able somehow to perceive the quivering of a voice, the oxygen of a perspective. In his novel *Malemort* (Seuil 1975), however (through the alchemy of the language, the structure, the humor, the themes, the choice of characters, the preciseness) he suddenly and singularly revealed Caribbean reality. On the other hand, Haitian writer Frankétienne, taking part in the first buddings of a Creoleness centered around its native depths, proved, in his work *Dézafi* (Port-au-Prince 1975), to be both the blacksmith and the alchemist of the central nervure of our authenticity : Creole re-created by and for writing. So that *Malemort* and *Dézafi* − strangely published in the same year, 1975 − were the works which, in their deflagrating interaction, released for new generations the basic tool of this approach of self-knowledge : interior vision.

To create the conditions of authentic expression amounted also to exorcising the old fatality of exteriority. Having only the Other's pupils under one's eyelids invalidated the fairest approaches, processes, and procedures. Opening one's eyes on oneself, like the regionalists, was not enough. Neither was scrutinizing this *"fondal-natal"* culture, as did the Haitian indigenists, in order to keep the essence of our creativity. We had yet to wash our eyes, to turn over the vision we had of our reality in order to grasp its truth : a new look capable of taking away our nature from the secondary or peripheral edge so as to place it again in the center of ourselves, somewhat like the child's look, questioning in front of everything, having yet no postulates of its own, and putting into question even the most obvious facts. This is the kind of free look which, having no outside spectators, can do without self-explanations or comments. It emerges from the projection of our being and considers each part of our reality as an event in order to break the way it is traditionally viewed, in this case the exterior vision submitted to the enchantment of alienation... This is why interior vision is revealing, therefore revolutionary [8]. To learn again how to visualize our depths. To learn again how to look positively at what revolves around us. Interior vision defeats, first of all, the old French imagery we are covered with, and restores us to ourselves in a mosaic renewed by the autonomy of its components, their unpredictability, their now mysterious resonances. It is an inner disruption, and, like Joyce's, a sacred one. That is to say : a freedom. But, having tried to enjoy it with no success, we realized that there could be no interior vision without a preliminary self-acceptance. We could even go so far as to say that interior vision is a result of self-acceptance.

French ways forced us to denigrate ourselves : the common condition of colonized people. It is often difficult for us to discern what, in us, might be the object of an aesthetic approach. What we accept in us as aesthetic is the little declared by the Other as aesthetic. The noble is generally elsewhere. So is the universal. And our artistic expression has always taken its sources from the far open sea. And it was always what it brought from the far open sea that was kept, accepted, studied; for our idea of aesthetics was elsewhere. What good is the creation of an artist who totally refuses his unexplored being? Who does not know who he is? Or who barely accepts it? And what good is the view of a critic who is trapped in the same conditions? We had to bring an exterior look to our reality which was refused more or less consciously. Our ways of laughing, singing, walking, living death, judging life, considering bad luck, loving and expressing love, were only badly considered in literature, or in the other forms of artistic expression. Our imaginary was forgotten, leaving behind this large desert where the fairy Carabossa dried Manman Dlo. Our refused bilingual richness remained a diglossic pain. Some of our traditions disappeared without being questioned by any inquiring mind [9], and even though we were nationalists, progressivists, independentists, we tried to beg for the universal in the most colorless and scentless way, i.e. refusing the very foundation of our being, a foundation which, today, we declare solemnly as the major aesthetic vector of our knowledge of ourselves and the world : Creoleness.

CREOLENESS

We cannot reach Caribbeanness without interior vision. And interior vision is nothing without the unconditional acceptance of our Creoleness. We declare ourselves Creoles. We declare that Creoleness is the cement of our culture and that it ought to rule the foundations of our Caribbeanness [10]. Creoleness is the *interactional or transactionnal aggregate* of Caribbean, European, African, Asian, and Levantine cultural elements, united on the same soil by the yoke of history. For three centuries the islands and parts of continents affected by this phenomenon proved to be the real forges of a new humanity, where languages, races, religions, customs, ways of being from all over the world were brutally uprooted and transplanted in an environment where they had to reinvent life. Our Creoleness was, therefore, born from this extraordinary " migan ", wrongly and hastily reduced to its mere linguistic aspects [11], or to one single element of its composition. Our cultural character bears both the marks of this world and elements of its negation. We conceived our cultural character as a function of acceptance and denial, therefore permanently questioning, always familiar with the most complex ambiguities, outside all forms of reduction, all forms of purity, all forms of impoverishment. Our history is a braid of histories. We had a taste of all kinds of languages, all kinds of idioms. Afraid of this uncomfortable muddle, we tried in vain to anchor it in mythical shores (exterior vision, Africa, Europe, and still today, India or America), to find shelter in the closed normality of millennial cultures, ignoring that we were the anticipation of the relations of cultures, of the future world whose signs are already showing. We are at once Europe, Africa, and enriched by Asian contributions, we are also Levantine, Indians, as well as pre-Columbian Americans in some respects. Creoleness is " *the world diffracted but recomposed* ", a maelstrom of signifieds in a single signifier : a Totality. And we think that it is not time to give a definition of it. To define would be here a matter of taxidermy. This new dimension of man, whose prefigured shadow we are, requires notions which undoubtedly we still don't know. So that, concerning Creoleness, of which we have only the deep intuition or the poetic knowledge, and so as not to neglect any one of its many possible ways, we say that it ought to be approached as *a question to be lived,* to be lived obstinately in each light, in each shadow of our mind. To live a question is already to enrich oneself of elements besides the answer. To live the question of Creoleness, at once freely and prudently, is finally to penetrate insensibly the immense unknown vastitudes of its answer. *Let live (and let us live!) the red glow of this magma.*

Because of its constituent mosaic, Creoleness is an open specificity. It escapes, therefore, perceptions which are not themselves open. Expressing it is not expressing a synthesis, not just expressing a crossing or any other unicity. It is expressing a kaleidoscopic totality [12], that is to say : *the nontotalitarian consciousness of a preserved diversity.* We decided not to resist its multiplicity just as the Creole garden does not resist the different forms of yam which inhabit it. We shall live its discomfort as a mystery to be accepted and elucidated, a task to be accomplished and an edifice to be inhabited, a ferment for the imagination and a challenge for the imagination. We shall conceive it as a central reference and as a suggestive explosion demanding to be aesthetically organized. For it has no value in itself; in order to be pertinent, its expression must be the result of a serious aesthetic approach. Our aesthetics cannot exist (cannot be authentic) without Creoleness.

Creoleness is an annihilation of false universality, of monolingualism, and of purity. It is in harmony with the *Diversity* which inspired the extraordinary momentum of Victor Segalen. Creoleness is our primitive soup and our continuation, our primeval chaos and our mangrove swamp of virtualities. We bend toward it, enriched by all kinds of mistakes and confident of the necessity of accepting ourselves as complex. For complexity is the very principle of our identity. Exploring our Creoleness must be done in a thought as complex as Creoleness itself. The need for clarification based on two or three laws of normality, made us consider ourselves as abnormal beings. But what seemed to be a defect may turn out to be the indeterminacy of the new, the richness of the unknown. That is why it seems that, for the moment, *full knowledge of Creoleness will be reserved for Art,* for Art absolutely. Such will be the precondition of our identity's strengthening. But it goes without saying that Creoleness is inclined to irrigate all the nervures of our reality in order to become gradually its main principle. In multiracial societies, such as ours, it seems urgent to quit using the traditional raciological distinctions and to start again designating the people of our countries, regardless of their complexion, by the only suitable word : *Creole.* Socioethnic relations in our society ought to take place from now on under the seal of a common creoleness, without, not in the least, obliterating class relations or conflicts. In literature, the now unanimous recognition of the poet Saint-John Perse by our people as one of the most prestigious sons of Guadeloupe – in spite of his belonging to the Béké ethnoclass – is indeed an advance of Creoleness in Caribbean consciousness. It is delighting. Accordingly, in architecture, in culinary art, in painting [13], in economics (as proven by the example of the Seychelles), in the art of clothing, etc., the dynamics of an accepted, questioned, elated Creoleness seem to us to be the best way toward self-acceptance.

It is necessary, however, to make a distinction between Americanness, Caribbeanness, and Creoleness, all concepts which might at first seem to cover the same realities. First, the sociohistorical processes which produced Americanization are different in nature from those which were at work in Creolization. Indeed, Americanization and its corollary, the feeling of Americanness, describes the progressive adaptation, and with no real interaction with other cultures, of Western populations in a world they baptized new. Thus, the Anglo-Saxons who formed the thirteen colonies, embryo of the future American state, displayed their culture in a new environment, almost barren, if we consider the fact that the native Indians, who were imprisoned in reservations or massacred, did not virtually influence their initial culture. In the same way, the Boni and Saramak blacks of Guyana, who remained yet relatively closed to the tribes of the Amazonian forest, were Americanized through their interaction with the forest environment. Just as the Italians who emigrated massively to Argentina during the nineteenth century, or the Hindus who replaced the black slaves in the plantations of Trinidad, adapted their original culture to new realities without completely modifying them. *Americanness is, therefore, in many respects, a migrant culture,* in a splendid isolation.

Altogether different is the process of Creolization, which is not limited to the American continent (therefore, it is not a geographic concept) and which refers to the brutal interaction, on either insular or landlocked territories – be it immense territories such as Guyana or Brazil – of culturally different populations : Europeans and Africans in the small Caribbean islands; Europeans, Africans, and Indians in the Mascarene islands; Europeans and Asians in certain areas of the Philippines or in Hawaii; Arabs and black Africans in Zanzibar, etc. Generally resting upon a plantation economy, *these populations are called to invent the new cultural designs allowing for a relative cohabitation between them.* These designs are the result of a nonharmonious (and unfinished therefore nonreductionist) mix of linguistic, religious, cultural, culinary, architectural, medical, etc. practices of the different people in question. Of course there are more or less intense Creolizations depending on whether the peoples in question are exogenous as is the case in the Caribbeans of the Mascarene islands, or whether one of these people is autochthonous as in the island of Cape Verde or in Hawaii. So, Creoleness is the fact of belonging to an original human entity which comes out of these processes in due time. There are a Caribbean Creoleness, a Guyanese Creoleness, a Brazilian Creoleness, an African Creoleness, an Asian Creoleness and a Polynesian Creoleness, which are all very different from one another but which all result from the matrix

92

of the same historical maelstrom. Creoleness encompasses and perfects Americanness because it involves a double process :
– *the adaption of Europeans, Africans, and Asians to the New World; and*
– *the cultural confrontation of these peoples within the same space, resulting in a mixed culture called Creole.*

There are obviously no strict frontiers separating zones of Creoleness from zones of Americanness. We might find them juxtaposed or interpenetrated within the same country : thus in the U.S.A., Louisiana and Mississippi are predominantly Creole, whereas New England, which was initially inhabited by Anglo-Saxons only, is just American. After the abolition of slavery, however, and the rise of black people in the North, and during the twentieth century arrival of Italians, Greeks, Chinese, and Puerto-Ricans, one might rightly think that the conditions are ripe for a process of Creolization to start presently in New England.

After this distinction between Creoleness and Americanness, what can we say of the relations between Caribbeanness and Creoleness? We consider Caribbeanness to be the only process of Americanization of Europeans, Africans, and Asians in the Caribbean Archipelago. Thus, it is, so to speak, a province of Americanness like Canadianness or Argentineness. Indeed, it leaves out the fact that in certain islands there was, more than mere Americanization, a phenomenon of Creolization (and therefore Creoleness). For example, entire regions in the north of Cuba were affected only by an Americanization of Andalusian colonists, Canarians or Gali-

93

cians, and knew no Creolization whatsoever. In certain sugar cane areas of Trinidad, Hindu culture adapted itself to the new environment without getting involved in a process of Creolization as opposed to the *bondyékouli* of the small Caribbean islands, which is a Creole cult based in Hinduism. Thus, we believe that Caribbeanness is first of all a geopolitical concept. The word " Caribbean " says nothing of the human situation of Martinicans, Guadeloupeans, or Haitians. As Creoles, we are as close, if not closer, anthropologically speaking, to the people of the Seychelles, of Mauricius, or the Reunion, than we are to the Puerto Ricans or the Cubans. On the contrary there are little things in common between someone from the Seychelles and a Cuban. We, the Caribbean Creoles, enjoy, therefore, a double solidarity :

– *a Caribbean solidarity (geopolitical) with all the peoples of our Archipelago regardless of our cultural differences – our Caribbeanness; and*

– *a Creole solidarity with all African, Mascarin, Asian, and Polynesian peoples who share the same anthropological affinities as we do – our Creoleness.*

Interior vision at the service of the unconditional acceptance of our Creoleness (as the very vitality of our creativity) must feed and reinforce, in a completely new way, the temporary conditions of the literary expression of Caribbeanness defined by Glissant.

1. *Fundamental orality*

Our Creole culture was created in the plantation system through questioning dynamics made of acceptances and denials, resignations and assertions. A real galaxy with the Creole language as its core, Creoleness [14], has, still today, its privileged mode : orality. Provider of tales, proverbs, " titim ", nursery rhymes, songs, etc., orality is our intelligence; it is our reading of this world, the experimentation, still blind, of our complexity. Creole orality, even repressed in its aesthetic expression, contains a whole system of countervalues, a counterculture [15]; it witnesses ordinary genius applied to resistance, devoted to survival. After the failure of the plantation system (sugar crises, abolitions of slavery, etc.), after the destructurings, the restructurings, the consequent conversions and reconversions of all kinds (assimilation, departmentalization), there was no use for this oral force; it was useless to the citizens' lives. Only Frenchness (the adoption of both French language and French values) expressed Man in a society totally alienated. Orality began then to be buried in our collective unconscious (as if in some subterranean transhumance) but not without leaving here and there the scattered fragments of its discontinuous contours.

The difficult deciphering of its disconcerting scenery gave birth to a system of values which was at the same time compensating and averting : folklorism and doudouism became the main charges of the new prosecutors of authentic Culture. Ordinary terrorism sided then with distinguished theory, and both were incapable of saving from forgetfulness any simple song. Thus went our world, steeped in intellectualist piety, completely cut off from the roots of our orality. So that, as indicated by Glissant [16], none of our writers took over Creoleness from the abyss of our ancestral speech, all of them caught, each in his or her own way, in the expression of a metaphorical transfiguration of the real, the Great Time of Culture, dressed in the colors of progress, of civilization, of development. After our traditional tale tellers, there was some kind of silence : the dead end. Elsewhere bards, griots, minstrels and troubadours passed on their trade to writers *(markers of speech)* who took gradually their literary autonomy. Here, there was a break, a gap, a deep ravine between a written expression pretending to be universalo-modern and traditional Creole orality enclosing a great part of our being. This nonintegration of oral tradition was one of the forms and one of the dimensions of our alienation. Without the rich compost which could have contributed to a finally sovereign literature and brought it closer to potential readers, our writing (contrary to the theatre of Henri Melon, Arthur Lérus, Joby Bernabé, Elie Stephenson, Roland Brival, Roger Robinal, José Alpha, Vincent Placoly... who knew in many respects how to use the richness of orality) remained suspended. Hence the denominative instability of the written production of our countries : *Afro-Caribbean, Negro-Caribbean, Franco-Caribbean, French Speaking Caribbean, Franco-*

phone Caribbean Literature, etc., all qualifiers which from now on are, in our eyes, ineffective.

Fortunately, there were some insignificant reproducers of misunderstood gestures, some modest collectors of useless memories; there were some obscure directors of commercialized culture for tourists more curious about us than we were; there were some dull epigones of a hackneyed speech, some naive promoters of a trite carnival, some industrious profiteers of a strident, loud *zouk*. They rarely escaped the assertion – shouted or whispered – of doudouism and folklorism. But in the final analysis they were the indispensable links that contributed to save Creoleness from the glorious yet definitive fate of Atlantis. We learned from them that culture is a daily lift and thrust, that ancestors are born everyday and are not fixed in an immemorial past; that tradition takes shape everyday, and that culture is also the link we ought to keep alive between past and present; that taking over oral tradition should not be considered in a backward mode of nostalgic stagnation, through backward leaps. To return to it, yes, first in order to restore this cultural continuity (that we associate with restored historical continuity) without which it is difficult for collective identity to take shape. To return to it, yes, in order to enrich our enunciation [17], to integrate it, and go beyond it. To return to it, so as simply to invest the primordial expression of our common genius. Knowing this, we may then collect a new harvest of first-hand seeds. We may then, through the marriage of our trained senses, inseminate Creole in the new writing. In short, *we shall create a literature*, which will

97

obey all the demands of modern writing while taking roots in the traditional configurations of our orality.

2. Updating true memory

Our history (or more precisely our histories) [18] is shipwrecked in colonial history. Collective memory is the first thing on our agenda. What we believe to be Caribbean history is just the history of the colonization of the Caribbeans. Between the currents of the history of France, between the great dates of the governors' arrivals and departures, between the beautiful white pages of the chronicle (where the bursts of our rebellions appear only as small spots), there was the obstinate progress of ourselves. The opaque resistance of Maroons allied in their disobedience. The new heroism of those who stood up against the hell of slavery, displaying some obscure codes of survival, some indecipherable qualities of resistance, the incomprehensible variety of compromises, the unexpected syntheses of life. They left the fields for the towns, and spread among the colonial community to the point of giving it its strength in all respects, and giving it what we are today. This happened with no witnesses, or rather with no testimonies, leaving us somehow in the same situation as the flower unable to see its stem, unable to feel it. And the history of colonization which we took as ours aggravated our loss, our self-defamation; it favored exteriority and fed the estrangement of the present. Within this false memory we had but a pile of obscurities as our memory. A feeling of flesh discontinued. Sceneries, said Glissant [19], are the only things to convey, in their own nonanthropomorphic way, some of our tragedy, some of our will to exist. So that our history (or our histories) is not totally accessible to historians. Their methodology restricts them to the sole colonial chronicle. Our chronicle is behind the dates, behind the known facts : *we are Words behind writing.* Only poetic knowledge, fictional knowledge, literary knowledge, in short, artistic knowledge can discover us, understand us and bring us, evanescent, back to the resuscitation of consciousness [20]. When applied to our histories (to this sand-memory fluttering about the scenery, the land, in the fragments of old black people's heads, made of emotional richness, of sensations, of intuitions) interior vision and the acceptance of our Creoleness will allow us to invest *these impenetrable areas of silence where screams were lost* [21]. Only then will our literature restore us to duration [22], to the continuum of time and space; only then will it be moved by its past and become historical.

3. The thematics of existence

Here, we do not think that we are outside the world, in the suburb of the universe. Our anchorage in this land is not a dive in a bottomless pit. Once our interior vision is applied, once our Creoleness is placed at the center of our creativity, we will be able to re-examine our existence, to perceive in it the mechanisms of alienation, and, above all, to grasp its beauty. The writer is a detector of existence [23]. More than anyone else, the writer's vocation is to identify what, in our daily lives, determines the patterns and structure of the imaginary. To perceive our existence is to perceive us in the context of our history, of our daily lives, of our reality. It is also to perceive our virtualities. By taking us away from the comfortable gaze of the Other, interior vision compels us to solicit our original chaos. It brings us then to permanent questioning, doubt, and ambiguity. Through this kind of vision, we return to the magma that characterizes us. It also frees us of anticolonialist literary militantism so that we will not examine ourselves in order to find a singular ideology [24], an apodictic truth, or the ten commandments of a table of laws, or because we want to reject doudouism, regionalism, and Negritude (a rejection which served for many as the basis of their literary existence) but rather because we want to know ourselves, bare in our flaws, in our barks and pulps. Thanks to this freedom we can revisit and re-evaluate our whole literary production. Not so much because we want to be the voice of those who have no voice, but because we want to perfect the collective voice which has no audience yet roars in our being, because we want to take part of it and listen to it until the inevitable crystallization of a common consciousness. Our writing has for a long time neglected this fundamental task or dealt with it in the alienating mode of exteriority. The Creole literature we are elaborating takes it as a principle that there is nothing petty, poor, useless, vulgar, or unworthy of a literary project in our world. *We are part and parcel of our world.* We want, thanks to Creoleness, to name each thing in it, and to declare it beautiful. To perceive the human grandeur of the *djobeurs*. To grasp the depth of life in Morne Pichevin. To understand the vegetable markets. To elucidate the functioning of the tale tellers. To accept again without any judgment our " *dorlis* ", our " *zombis* ", our " *chouval-twa-pat* ", " *soukliyan* ". To adopt the language of our towns, of our cities. To explore our American Indian, Indian, Chinese, and Levantine origins, and find their poundings in our heartbeats. To enter in our " pitts ", in our games of " grennde ", and in all this old blacks' business viewed a priori as vulgar. It is only through this kind of systematism that we will strengthen the freedom of our gaze.

Our writing must unreservedly accept our popular beliefs, our magico-religious practices, our magic realism, the " *milan* ", " *majò* " " *ladja* " and " *koudmen* " rituals. Its must listen to our music and taste our cooking. It must investigate how we live love, hate, die, the spirit we have in melancholy, how we live in happiness and sadness, anxiety and courage. It must look for our truths, and affirm that one of its missions is to present insignifiant heroes, anonymous heroes, those who are forgotten by the colonial chronicle, those who resisted indirectly and patiently and who have nothing in common with the Western or French heroes. These realities ought not to be described ethnographically, nor ought there to be a census-taking of Creole practices after the fashion of the Haitian indigenists, instead we ought *to show what, in these practices, bears witness to both Creoleness and the human condition.* We ought to live, relive, and make live all this intensively, shivering at shivers, quivering where it quivers, and measuring our internal geography in order to perceive it and understand it better. And we object to the parochialism and self-centeredness that some people find in it. There can be no real opening to the world without a prerequisite and absolute apprehension of what we are. Our world, however small it might be, is large in our minds, boundless in our hearts, and for us, will always reflect the human being. The old shell of self-defamation will break : *Oh, jailer of our creativiy, the new eyes are looking at you!* It is a question of descending in ourselves, but without the Other, without the alienating logic of his prism. And we must admit that here, we have no indicators, no certainties, no aesthetic criteria, we have nothing but the youth of our eyes, the intuition of our Creoleness which is supposed at every moment to invent every move. Our literature must progress by itself and come across no one during this period of development : we mean *no cultural deviation.*

4. *The burst in modernity*

Despite our youth, we do not have time to live the volutes of a quiet evolution. We now have to live in a contemporary world which is fast. We have to assume order and adventure, as Apollinaire would have put it. Order might be, in this context, that which contributes to the consciousness of our identity, to the development of our nation, to the emergence of our arts and literature : all problems with which we are compelled to deal. As for adventure, it might be the symbol of the modern world and its contemporary progress, which we must no exclude just because we have to put some order in our interior being. Underdeveloped countries today are compelled to this gymnastics. How can we consider the Creole language without touching upon the present problems of linguistics? How can we think of the Caribbean novel without being enriched with all approaches to the novel of all the peoples of the world? How can we consider an artistic expression which, efficient inside the nation, might turn out anachronistic or out-of-date outside the nation? We have, therefore, to do everything at the same time : to place our writing within the progressive forces working at our liberation, and to keep looking for a new aesthetics without which there is no art, much less a literature. We have to be lucid about our neocolonized flaws, and at the same time we have to work at oxygenating our suffocations by a positive vision of our being. We must accept ourselves as we are, completely, and mistrust this uncertain identity still moved by unconscious alienations. We must take root in our country, in its difficulties, in its problems, in its pettiest realities, and yet consider the bubblings where literary modernity is leading the world. It is in a way what Glissant calls " being in a situation of irruption " [25]. An uncomfortable situation, no doubt, draconian demands, but it is already clear that we do have to write the difficult way [26], to express ourselves against the current of usuries, clichés, and deformations, and

103

that it is only through the difficult way that we might trail deeply within our authenticity.

5. *The choice of one's speech*

Our primary richness, we the Creole writers, is to be able to speak several languages : Creole, French, English, Portuguese, Spanish, etc. Now we must accept this perpetual bilingualism and abandon the old attitude we had toward it. Out of this compost, we must grow our speech. Out of these languages, we must build our own language [27]. Creole, our first language, we the Caribbeans, the Guyanese, the Mascarins, is the initial means of communication of our deep self, or our collective unconscious, of our common genius, and it remains the river of our alluvial Creoleness. We dream in it. In it we resist and accept ourselves. It is our cries, our screams, our excitements. It irrigates each one of our gestures. Its decline was not just a mere linguistic loss, the mere fall of a branch, but the total fast of a foliage, the kneeling of a cathedral [28]. The absence of interest in the Creole language was not a mere mouth silence but a cultural amputation. The Creole tale tellers who no longer exist could have put it better than us. Every time a mother, thinking she is favoring the learning of the French language, represses Creole in a child's throat, she is in fact bearing a blow to the latter's imagination, repressing his creativity. School teachers of the great period of French assimilation were the slave traders of our artistic impulse [29]. So that today, it would be an

104

impoverishment not to reinvest this language. Its usage is one of the ways of the submersion in our Creoleness.

No Creole creator, in any field, can ever succeed without an intuitive knowledge of the poetics of the Creole language [30]. Artistic education (the reeducation of a vision, the activating of Creole sensibility) cannot go without a prerequisite learning of the Creole language, its syntax, its grammar, its most basic vocabulary, its most appropriate writing (should it have nothing to do with French habits), its intonations, its rhythms, its spirit... its poetics [31]. The quest for real Creole, proudly led in a spirit of genuineness, surprise and originality, while feeding our revolutionary fervors, will undoubtedly polarize our most extreme and most solitary energies. On the other hand, the tragedy lived by many of our writers comes from the castration which, linguistically, they were victims of during their childhood. The Creole language is, thus, one of the forces of our expressiveness as proven (in case there is a need to prove it) by Guadeloupean writer Sonny Rupaire who, working in the Creole language, was able to initiate an unprecedented poetry, allying the most extreme political claims to the assertion of a singular poetics.

The Creole language is not a dying language, it changes continuously, loosing, at times, a few secret variegations only to find at other times unheard of accents (as we can tell from the poetry of Monchoachi, Joby Bernabé, Daniel Boukman, Thérèse Léotin, Hector Poullet, Felix Morisseau-Leroy, Serge Restog, Max Rippon, Georges Castera...). It is comparable to this snake which, though it has been chased around the hills, reappears in our huts without warning, because Creole is linked to our very existence, and because, in the final analysis, it is as Vincent Placoly put it : " *The language which more than any other language belongs to us* " [32]. Hence the need to reinforce its oral density with the contemporary power of writing. And those of our writers who tried to kill it in themselves, or in their writing, lost without their knowing, the best chance for their repressed authenticity : Creoleness. What an aesthetic suicide! Creole literature written in Creole must, before all, build this written language and make it known. Yet, most Creolophone writers, who wanted to keep up with the language they used, did nothing to meet the primary demands of literary creation which is producing a language within the language. The Creole poet writing in Creole, the Creole novelist writing in Creole, will have to be at once the collectors of ancestral speech, the gatherers of new words, and the discoverers of the Creoleness of Creole. They will mistrust this language while accepting it totally. They will keep a distance from it while plunging into it desperately – and, mistrusting the forms of defense-illustration, they will overwhelm this language with the eccentricities of their own chosen languages [33].

But our histories, for once generous, gave us a second language [34]. At first, it was not shared by everyone. It was for a long time the language of the oppressors – founders. *We did conquer it, this French language.* If Creole is our legitimate language, we gradually (or at once) were given and captured, legitimated and adopted the

106

French language (the language of the Creole white class). Creoleness left its indelible mark on the French language, as did other cultural entities elsewhere [35]. We made the French language ours. We extended the meaning of some of its words, deviated others. And changed many. We enriched the French language, its vocabulary as well as its syntax. We preserved many of its words which were no longer used. In short, *we inhabited it.* It was alive in us. In it we built our own language [36], this language which was chased by cultural kapos and viewed as a profanation of the idolized French language. *Our literature must bear witness of this conquest.* We are obviously against the religion of the French language which had spread in our countries since the abolition of slavery, and we completely agree with the Haitian proverb that goes : " *Palé fransé pa vlé di lespri* " (speaking French is no proof of intelligence). Repressing this language amounted, as is the case for Creole, to discouraging our expressiveness, our creative impulse, for creativity is necessarily a function of a subjective reading of the world. It also amounted to frustrating our artistic expression for many generations. Creole literature written in French must, therefore, soon invest and rehabilitate the aesthetics of our language. Such is how it will be able to abandon the unnatural use of French which we had often adopted in writing.

Outside all kinds of fetishism, Language will be, therefore, for us, the free, responsible, and creative use of languages [37]. It won't be necessarily a Creolized or reinvented French, nor a Frenchized or reinvented Cre-

107

ole, but our own finally recovered and decisive language. Our singularity exposed-exploded in language until it takes shape into Being. Our consciousness in psychic verticality. The antidote against the ancestral domination we are suffering from. Beyond language the possible expression of who we are, our presence in the world, our roots... For the dominant idolized language ignores the personality of the colonized speaker [38], falsifies his history, denies his freedom, and deports him out of himself. Accordingly, the colonized's idolizing of the dominated language, even though it might be beneficial in the early years of the cultural revolution, should absolutely not become the primary or unique objective of Creole writers writing in Creole. Idolized languages function like Nô theatre masks; these masks which endow actors with feelings, with faces, but also with alien personalities. For a Creole poet or novelist, writing in an idolized French or Creole is like remaining motionless in a place of action, not taking a decision in a field of possibilities, being pointless in a place of potentialities, voiceless in the midst of the echoes of a mountain. Having no language within the language, therefore having no identity. This in the field of writing, is being unable to achieve writing [39]. Aesthetically, it is dying.

Creoleness is not monolingual. Nor is its multilingualism divided into isolated compartments. Its field is language. Its appetite : all the languages of the world. The interaction of many languages (the points where they meet and relate) is a polysonic vertigo. There, a single word is worth many. There, one finds the canvas of an allusive tissuse, of a suggestive force, of a commerce between two intelligences. Living at once the poetics of all languages is not just enriching each of them, but also, and above all, breaking the customary order of these languages, reversing their established meanings. It is this breech that is going to increase the audience of a literary knowledge of ourselves.

Being completely open to the whole linguistic spectrum offered by society, such is the state of mind with which we approached the issue of interlanguage, pedantically called " interlect ". But praising its fecundity does not occult our mistrust of its perils. Indeed, its fascinating appearance of transmutation, is in fact, the transgression, steeped in its ontological status, of the dividing line. Also provider of illusion, the interlectal material may seem to present genuineness when in fact there is nothing but the lascivious indulgence in clichés and stereotypes. In other words, being the agent of a multiple genius, the interlect might as well, if one looks close enough, be simply and purely the destroyer of genius. Every time that the interlect (thoughtful and omnipresent servant) helps prevent us from doing the critical job of writing, it constitutes the danger of a surreptitious but extremely efficient alienation. The French, so called " *Français-banane* ", which is to standard French what vulgar Latin is to classical Latin, constitutes undoubtedly what is most stereotypical in interlanguage, and that by which it irresistibly conveys ridicule. His instinctive fear of illegitimacy often dictated to Césaire the use of the most pure and measured

109

French idiom, enhanced by an impossible Creole, impossible because its literary status demanded yet to be invented. Glissant, for his part, never compromised with cliché interlect. Both of them taught us fair patience and the obstinate – though convulsive – quest for words. As for us, our defense of Creoleness will never be that of an idle and parasitic crouching. Now, a whole series of verbal productions can easily, if not carefully watched, turn successfully into epiphytic plants which, moreover, are prone to divert the river-language from its Creole mouth. We do keep in mind that the terms of exchange still remain unequal between French and Creole, both being exposed to different risks in case of an irresponsible management of the linguistic space. Our aim here is certainly not to prevent writers from exploring the interstices of French and Creole. Better, we believe that creative use of interlect might lead to an order of reality capable of preserving for our Creoleness its fundamental complexity, its diffracted referential space.

We realize, however, that there was a great risk of incommunicability involved in this issue. Indeed, many people have referred to our submersion in Creoleness, not to say in the Creole language, as a kind of burial in ourselves, in a too narrow specificity. They obviously forgot that to live a complex Creoleness is to live the world, or (to use one of Glissant's phrases) *the Whole-world.*

One of the hindrances to our creativity has been the obsessional concern with the Universal. Old syndrome of the colonized : afraid of being merely his depreciated self and ashamed of wanting to be what his master is, the colonized accepts therefore – supreme subtlety – the values of his masters as the ideal in the world. Hence exteriority vis-à-vis ourselves. Hence the defamation of the Creole language and the deep mangrove swamp of Creoleness. Hence – except for unique miracles – our aesthetic shipwreck. Creole literature will have nothing to do with the Universal, or this disguised adherence to Western values, it will have nothing to do with this concern with exhibiting the transparency of oneself, exhibiting oneself to the attractiveness of the obvious. We want to deepen our Creoleness in full consciousness of the world. *It is through Creoleness that we will be Martinicans. Becoming Martinicans, we will be Caribbeans, therefore Americans, in our own way.* It is through Creoleness that we will crystallize Caribbeanness, the ferment of a Caribbean civilization. We want to think the world as a polyphonic harmony : rational/irrational, finished/complex, united/diffracted... The complex thought of a Creoleness, itself complex, can and should help us in so doing. The Whole-world's life quivers with expressed Creoleness. It is the Whole-world in a particular dimension, and a particular form of the Whole-world.

111

The world is evolving into a state of Creoleness. The old national immovable organizations are being replaced by federations which in turn might not survive for long. Under the totalitarian universal crust, Diversity maintained itself in small peoples, small languages, small cultures [40]. The world standardized bristles, paradoxically, with Diversity. Everything being in relation with everything, visions embrace more, provoking the paradox of a general consensus around and a celebration of differences. And we believe that Babel is unlivable only for narrow spaces. That it won't bother the great voice of Europe if Breton is spoken in Britanny and Corsican in Corsica, that it won't be a concern for the unified Maghreb if Berber is spoken in Kabylia, if the Touaregs assert their ways. The capacity to incorporate Diversity has always been the privilege of great powers. Cultures melt and spread into subcultures which in turn generate other aggregates. To perceive the world today, a man or a woman's identity, the principle of a people or a culture, with the values of the eighteenth century or those of the nineteenth century would be an impoverishment. A new humanity will gradually emerge which will have the same characteristics as our Creole humanity : all the complexity of Creoleness. The son or daughter of a German and a Haitian, born and living in Peking, will be torn between several languages, several histories, caught in the torrential ambiguity of a mosaic identity. To present creative depth, one must perceive that identity in all its complexity. *He or she will be in the situation of a Creole.* That is what we have prefigured. Our submersion into our Creoleness, by means of Art, is one of the most extraordinary and fairest ways of entering in relation with the world. Expressing Creoleness will be expressing the very *beings* of the world [41]. What we felt, our emotional experience, our pains, our uncertainties, the strange curiosity of what was thought to be our defects, will help in our achieved expression to build in diversity the harmonious Being of the world.

Creoleness liberates us from the ancient world. But, in this new turn, we will look for the maximum of communicability compatible with the extreme expression of a singularity. We call Creole the work of art which, celebrating within its coherence the diversity of meanings, will preserve the mark which justifies its pertinence regardless of how it is understood [42], where it is culturally perceived, or to what issues it is associated. Our submersion into Creoleness will not be incommunicable, but neither will it be completely communicable. It will not go without its opaqueness, the opaqueness we restore to the processes of communication between men [43]. Shutting ourselves in Creoleness would have contradicted its constitutive principle, and denied it. It would have transformed the initial emotion into some kind of hollow machinery, working uselessly, and in doing so getting poorer and poorer like those dominating civilizations, nowadays shattered. One of the conditions of our survival as Creoles (open-complex) is to maintain a consciousness of the world while constructively exploring our initial cultural complexity, and to insure that such a consciousness celebrates and enriches this exploration. Our primary diversity will be part of an integrating process of world diversity, recognized and accepted as permanent our Creoleness will have to recover itself, structure itself, and preserve itself, while changing and absorbing. *It will have to survive in Diversity* [44]. Applying this double move will automatically favor our creative vitality. It will also prevent us from returning to the totalitarian order of the old world, fixed by the temptation of the unified and definitive. At the heart of our Creoleness, we will maintain the modulation of new laws, of illicit blendings. For we know that each culture is never a finished product but rather the constant dynamics on the lookout for genuine issues, new possibilities, and interested in relating rather than dominating, in exchanging rather than looting. Respectful. Cultures would have continued living such a dynamics if it wasn't for Western madness. Clinical sign : colonizations. A living culture, and especially Creoleness, is a permanent stimulation of convivial desire. And if we recommend to our artists this exploration of our singularities, that is because it brings back to what is natural in the world, outside the *Same* and the *One,* and because it opposes to Universality the great opportunity of a world diffracted but recomposed, the conscious harmonization of preserved diversities : DIVERSALITY.

Creoleness and Politics

The claims of Creoleness are not just aesthetic in nature, as we saw, they also have important ramifications touching on all fields of activity in our societies, and especially the most fundamental ones : politics and economics. Indeed, Creoleness claims a full and entire sovereignty of our peoples without, however, identifying with the different ideologies which have supported this claim to date. This means that it distrusts, in the first place, some sort of primary Marxism which has it that cultural and therefore identity-related issues will find a solution once the revolution is achieved. Thus expressed, often in good faith, this theory, we must insist, has often prevented our political leaders and organizations from thinking seriously about the contents of a true Martinican, Guadeloupean, or Guyanese culture. We also want to distance ourselves from this somewhat narrow nationalism that perceives the Martinican as a stranger to the Guadeloupean, and vice versa. Without denying the differences between our peoples, we would like to say that what unites them is vaster than what opposes them, and that the task of a defender of the Martinican people's sovereignty is also to reconcile his struggle as much as possible with that of the Guadeloupean or Guyanese peoples, and vice versa.

Creoleness sketches the hope for the first possible grouping within the Caribbean Archipelago : that of the Creolophone peoples of Haiti, Martinique, Saint Lucia, Dominica, Guadeloupe, and Guyana, a grouping which is only the prelude of a larger union of our Anglophone and Hispanophone neighbors. This is to say that, for us, the acquisition of an eventual mono-insulary sovereignty will be but a stage (a very brief one, we hope) in the process toward a Caribbean federation or confederation, the only way to stand up efficiently to the different hegemonic blocks that share the planet among themselves. In this perspective, we maintain our opposition to the present process of integration without popular consultation of the people of the so-called " départements français d'Amérique " to the European community. Our solidarity is first with our brothers of the neighboring islands and secondly with the nations of South America.

We remain persuaded that, having failed to incorporate in their strategy the reinstallation of our peoples within this Creole culture, miraculously forged during three centuries of humiliation and exploitation, our political leaders are preparing us for a grim future — states devoid of the most basic democratic principles, the only guarantee of economic development. This allows us to say that our preference is for a multi-partisan, multiunionist, and pluralist regime, which breaks radically with the fantasies that are the providential man or the nation's father who did so much harm in many countries of the Third World and Eastern Europe. By this we are not adhering to the Western political models, we are simply recognizing that equality between people cannot be obtained in a durable fashion without the freedom of thinking, of writing, and of travelling that goes with it. For us, there are no *formal freedoms*. All liberties, provided they do not stand in the way of the functioning of society, are good.

Translated by M.B. Taleb-Khyar.

NOTES

1. « Surrealism appeared " positively " as bringing a questioning of the Western Society, a verbal liberation, a power for scandal; " negatively " it appeared as a factor of passivity (André Breton as master), a place of uncertain references (life, fire, the poet), the absence of critical thought in social issues, the belief in elect men. The relation was noted between the powers of the imaginary, the irrational, of madness and the blacks' power of the " elementary " *(Tropiques)*. It was also pointed out that Surrealism tends to reduce " particularities " and specificity, that it tends to erase, by simply negating them, the racial issues, that it maintains, therefore, para-doxically (and by a generous but abusive generalization) a tendency for Europeocentrism. » See E. Glissant, *Le Discours Antillais* (Éditions du Seuil, 1981).

2. Vernacular in *Et les chiens se taisaient* by Aimé Césaire; cf. the work in progress of Annie Dyck, Ph. D. diss., L'Université des Antilles et de la Guyane.

3. Which, in fact, amounted to placing oneself outside the black dimension of our Creole being. But what a chance it was at the time to find a soul better suited to the dominants of our topology! ... It was the time when many of our writers and artists flew to Africa thinking they were going to meet their selves.

4. Commitment which, in the final analysis, was one of the mani-festations of exteriority : « The majority of the people questioned about literature in Haiti demand a commitment from the Haitian writer; very few of them had actually read be it a single book of this literature. And despite the writers' efforts, they had changed very little things in Haiti. The communication is constantly interrupted

for lack of readers : why in such conditions doesn't a writer modify the scope of his text, or simply abandon his means of expression? Only a single answer comes to mind : the writer had met the demands of the foreign literary world by choosing to adopt recognized forms of expression. He had also met the demands of a public who wanted him to deal with their problems. He fails on both sides for he is neither recognized nor read by his people... » (U. Fleishmann, *Écrivain et société en Haïti*, Centre de Recherches Caraïbes, 1976).

5. The revolt probably went along with the following type of argumentation of the colonialists : Before we arrived here, there was just an island and a few savages. We were the ones who brought you here. Here, there were no people, no culture, no civilization for us to colonize. You exist only by colonization, so where is colonization?

6. « Generally speaking the literature of a society spreads the models according to which the society perceives and evaluates itself. These models, at least in principle, support the actions of individuals and groups, and push them to espouse the images they draw. But for this to happen, a coherence between the ideal models and reality is necessary; in other words these models must, at least partially, actualize in accessible time and space. The emergence of a committed literature is in relation with a society's refusal of its current reality : solicited by the public, the writer expresses models capable of guiding the audience toward the apprehension of a new reality. As for the Haitian writer (...) he shapes his ideal on that of the ex-metropole or another society, to the point of completely identifying with it. If Haitian reality is to become accessible to him, it must transform itself until it resembles this other reality. This divorce between daily life and the dreamed ideal prevents consequently the models from having any impact on reality. » (Fleishmann)

7. « It was, explains Glissant, during a lecture by Daniel Guérin read for the students of the Association générale des étudiants martiniquais in 1957 or 1958. Daniel Guérin who had just pleaded for a federation of the Caribbeans in his book *Les Antilles décolonisées*, was nonetheless surprised by this neologism which alluded to more than just a political agreement between Caribbean countries. »

« Reality is irrefutable : cultures springing up from the system of plantations, insulary civilization (where the Caribbean sea defracts, when, for example, it may be believed that a sea, also civilizing, such as the Mediterranean sea had, before all, powers of attraction and concentration); pyramidal population with African or Hindu origins at the base, European ones at the summit; languages of compromise; general cultural phenomenon of creolization; a vocation for reunion and synthesis; persistence of African facts; sugar cane, corn, and spice agriculture; place of the combination of rhythms; people of orality. This reality is virtual. Caribbeanness needs : to achieve the passage from the common lived experiences to the expressed consciousness; to go beyond the intellectual postulation of the elites and to go along with the collective assertion supported by the actions of peoples. » (Glissant)

8. « The first ones who will rise and take off from your mouths the gag of a meaningless inquisition described as knowledge – and an exhausted sensibility, sign of our times, who will take all the room to the benefit of the sole poetic truth which is constantly fighting against imposture and permanently revolutionary, to you. » (René Char, *Recherche de la base et du sommet. Bandeau des matinaux,* Gallimard, 1950.)

9. The work of folklorists is absolutely necessary for the simple conservation of the elements of national heritage. People like Loulou Boislaville and others did a wonderful job in that respect.

10. The word "creole " seems to come from the Spanish word " crillo ", itself deriving from the Latin verb " criare " which means " to raise, to educate ". The Creole is the person who was born and raised in the Americas and who is not a native like American Indians. Very soon this term was applied to all the human races, all the animals and plants transported to America from 1492 on. There was, therefore, a mistake in French dictionaries which from the beginning of the nineteenth century reserved the word " Creole " for the white Creoles (or Béké) only. Anyway, etymology is, as everyone knows, a dangerous and uncertain field. There is, therefore, no need to refer to it in order to approach the idea of Creoleness.

11. « Creole appears as the best data allowing, in a dynamic and progressive way, *to frame* the identity of the Caribbean people and the Guyanese. Indeed, there is, beyond Creole languages and cultures, a Creole *matrix* (bway) which, on the universal level, transcends their diversity. » See GEREC, *Charte culturelle créole,* 1982.

12. The approach of the GEREC is, in this respect, interesting : « Creoleness dismisses all the " back-worlds " without pronouncing in favour of either one in order to construct the future on *transracial and transcultural bases* (...). Not just a network of cultures, Creoleness is the concrete expression of a civilization in the making. Its rough

and harsh genesis is at work in each of us (...) Creoleness is a magnetic pole to the attraction of which we – unless we want to lose our souls – are called to align our reflection and our sensibility. Its deepening at all levels of individual and social commitment might allow our societies to accomplish their *third great breech,* and this time not just on the mode of exclusion, but also on the community mode... » *(Ibid.)*

13. Martinican painter José Clavot demonstrated during a symposium devoted to Lafcadio Hearn (in 1987) that there could be a Creole perception of the chromatic range, which could be the foundation of a Creole pictorial aesthetics.

14. Creoleness should not be reduced to the mere Creole culture. It is Creole culture in its human and historical situation, but it is also an immediate *state* of humanity.

15. See Ina Césaire, *Contes de vie et de mort* (Nubia, 1976); Roland Suvélor (*Acoma* 3, Maspero, 1972); René Ménil and Aimé Césaire, *Tropiques* 4 (2nd ed. 1978); Glissant, *Le Discours Antillais.*

16. « As the system of plantations decomposes, popular culture disappears. Yet the production of tales, songs, sayings and proverbs does not disappear at once; it is replaced for some time by a beatific and somewhat self-satisfied consumption (...) Liberal and prestigious professions will be massively invested between 1946 and 1960 and soon saturated. During this long period when first towns are juxtaposed to the plantations (1850-1940) (...) literary texts are produced in the field of writing and thanks to this middle class. The orality of traditional literature is repressed by this wave of writing which *breaks from it.* The gap is enormous between, for example, the characteristics of the tale and the volutes of the neo-Parnassian poem. » (Glissant.)

17. « Its characteristics are given in such approach. The sudden changes of tone, the continuous breaking of the narration and its " slidings ", the accumulation of which gives the unequivocal measure of the whole. Psychological suddenness, or in fact the absence of any psychological description given as such. Psychology is the measure of those who have time. » (Glissant.)

« The economy of morality : the extreme finesse which consists in taking again and every time the same type of situation without ever proposing exemplary resolutions to it. The art of meandering. »

« Excessiveness, meaning first the absolute freedom of any paralysing fear of the practice of tautology. The art of repetition is new and rich. To keep rehearsing the text is a pleasure. Onomatopoeia or, more deeply, threnody, turn in the drunkenness of reality. The relativity of the " victimary " which is not solem (...) The tale gave us the Us by expressing implicitly that we have to conquer it. »

18. « The historical situation here, is not a background, a decor before which human situations happen, it is in itself a human situation, an existential situation in the foreground. » (Milan Kundera, *L'Art du roman*, Gallimard, 1986.)

« Because historical memory is often erased, the Caribbean writer must search for this memory, from traces, sometimes hidden, that he had noticed in the real. Because Caribbean memory was marked with impoverishing barriers, the writer must be able to express all the opportunities when these barriers were partially broken. Because Caribbean time was stabilized in the nothingness of an imposed non-history, the writer must contribute to re-establishing its tormented chronology, or to reveal the rich vividness of a resumed dialectic between Caribbean nature and culture. » (Glissant.)

« As far as we are concerned, history as an active consciousness and history as a lived experience are not matters for historians only. Literature for us will not be divided in genres but it will involve all the approaches of the human sciences. »

19. « Our landscape is its own monument : its trace is visible from below. It's all history » (Glissant).

20. We do not mean to say that, armed with interior vision, fictional or poetic knowledge might be superior to scientific, historical, or transdisciplinary knowledge ; we just want to emphasize the extent to which it, first, imposes itself, and then the intensity with which it can explore what the scientists cannot explore. It is not by chance that, in the case of Caribbean history, so many historians use literary quotes to convey principles they can only flirt with because of the very method they use. Artistic knowledge is a supplement to scientific knowledge when it comes to reaching the complexities of reality.

21. Glissant.

22. « For history is not just for us an absence, it is a vertigo. This time we never had, we must conquer. We do not see it withdrawing in our past and carrying us quietly toward the future, but suddenly springing in us by blocks, and we, transported in zones of absence, must with difficulty and pain recompose everything. » (Glissant.)

23. « The novel does not examine reality, it examines existence. And existence is not what happened, existence is the field of human possibilities, everything man might become, everything he is capable of. Fiction writers draw *the map of existence,* by discovering such and

such human possibility. But, again : to exist means : " to be in the world ". » (Kundera.)

24. Literature does not necessarily transform the world, at the most it helps understand some of its hidden deepness, thus contributing, like music and painting, at making it more livable, and at knowing it better. The writer, when writing, cannot be a militant, unionist, or a revolutionary if he does not want to be both a bad writer and a mediocre militant. We believe that a literature concerned with deciphering carefully our reality holds a strength of truth (and therefore of questioning) which is one hundred times more efficient than any act of denunciation or demonstration of axioms, however generous they might be. The valorization of our Creole daily experience should not be done through slogans but rather through an effort of poetization, for reality is in itself revolutionary when reviewed through the prism of a writing concerned with revealing its bases. That is why we believe that the best way of taking part in the old struggle our peoples are leading against the colonial or imperial constraints, is to consolidate in our writings this Creole culture that our oppressors have always tried to belittle.

25. « These literatures do not have time to evolve harmoniously, from the collective lyricism of Homer to the harsh dissections of Beckett. They must encompass everything at the same time, struggles, militantism, authenticity, lucidity, self-distrust, the absolute character of love, forms of the landscape, the bareness of cities, progresses, and obstinacies. It is what I call our burst into modernity (...) We do not have a mature literary tradition : we are born suddenly, I think that is an advantage and not an inconvenience. Cultural patina exasperates me when it is not founded in a slow flow of time. Cultural patina, when it is not the result of a tradition, turns into empty parochialism. We do not have time, we must bear everywhere the audacity of modernity. Parochialism is comfortable for he who does not establish his capital in himself, and it seems to me that we ought to erect our metropoles in ourselves. The burst into modernity, outside tradition, outside literary " continuity ", seems to me the specific characteristic of the American writer who wants to express the reality around him. » (Glissant.)

26. « Modernity begins with the search for an impossible literature. » (Roland Barthes, *Le Degré Zéro de l'écriture*, Seuil, 1972.)

« Some days one must not be afraid to name things impossible to describe. » (Char.) « Only the edge of knowledge is moving. (A too persistent intimacy with the star, commodities are mortal.) » « We don't reach the impossible but it serves us as a lamp light. To be part of the leap. Not to be part of the feast, its epilogue. » (Char, *Fureur et Mystère*, Gallimard, 1962.)

27. « I mean by language here a structured and conscious series of attitudes toward (of relation or complicity with, of reactions against) the Language used by a community, regardless of whether this language is native, in the sense I mentioned, or threatened, or shared, or optative, or imposed. Languages creates relation, Language creates difference, both are precious. (Glissant.) You will build your language in all authorized languages. (E. Glissant, *L'Intention poétique*, Seuil, 1969.) I address you in your language and it is in my language that I understand you. »

28. A serious case of negative interaction : Creole language, Creole culture, Creoleness. Each, defamated, pulls the others in the defamation, some sort of infernal and mad machine : which was first affected and had to pull the others?

29. The period of the great hunt of Creole and Creolisms, it is still going on today but in a more sly form.

30. We must add the knowledge of Spanish and English, keys to our space.

31. We can only deplore the absence of a follow up on the call of the GEREC : « We strongly wish for the prompt establishment of a permanent structure capable of grouping and coordinating the work of researchers, teachers, artists, writers, organizers and administrators who would be willing to work together for the consolidation of our endangered culture. The creation of an Institute of Human Sciences and Creoleness (Gran Kaz pou wouchach Kréyol) is undoubtedly necessary. »

32. Vincent Placoly, *Les Antilles dans l'impasse. Des intellectuels antillais s'expliquent* (Ed. Caribéennes et l'Harmattan, 1976).

33. « Language is indeed the very foundation of culture. Beside languages all other systems are secondary and derivative. » (J. Jakobson, quoted by Umberto Eco, *L'œuvre ouverte*, Seuil, 1965.)

34. « Creole and French cannot be opposed on the generic mode of national language/colonizers' language ; which does not mean that this precise relation is not a colonial relation. But precisely, all colonial relations are not identical. In spite of its dominant characteristic (on the social level), French has acquired a certain *legitimacy* in our

125

countries. If, in many respects, it is *a second language*, French cannot be considered, in Guadeloupe, Guyane, and Martinique, as a foreign language, with all the psychological implications of this notion. » (GEREC.)

35. Acadia, Quebec, Louisiana, the Maghreb, Francophone black Africa... Now autonomous, common languages cover today completely different problematics, indeed contrary : dominated language in Acadia, French is a dominant language in Martinique. If they were to sign this text, the Acadians would have begun by : " *we have decided not to be English...* ".

36. Here, it was called *fransé-bannann*. In this Martinican or Guadeloupean French, there is a dimension of misuse (bad knowledge of the language) and a dimension of appropriation (incorrectly called Creolism). Teachers and parents, mixing everything together, assassinated the responsible (and creative) use of the language, believing they were just reducing the misuse dimension. Besides, no one was interested in a creative use of the French language : keep your hands off the idol...

37. « It is not a question of creolizing French but of exploring the possible use (the creative practice) that the Martinicans might have of it. » (Glissant.) Neither is it a question of what the GEREC denounced : Attracted by « the French linguistic world, Caribbean and Guyanese intellectuals – writers in particular – develop an attitude either of reverence, or on the contrary, less frequently, of subversion toward the French language. In either case, their relation to this language remains eminently fetishist, sacred, religious (even when it is blasphemous). Maroonist ideology in literature is an attempt at justifying the breech with the Creole world and the establishment – often lucrative – in the Francophone linguistic system. It becomes then important to wrap oneself in the compensating prestige of the guerilla working in the heart of the enemy's citadel in order to design a so-called strategy of abduction (bawouf, Kouljanm), or misappropriation, of the master's language. »

38. Caribbean writers' use of French slang, slang which is already in itself an identity established in the language, is, it seems to us, a powerful cultural alienation. With the use of slang one goes outside the neutral field of the language and enters a particular dimension : one adopts both a vision of the world and a vision of the language itself.

39. « Language is below literature (...) Thus, under the name of

126

style, an autarkical language takes shape and immerses into the personal and secret mythology of the author, in this hypophysics of speech, where the first couple of words and things are formed, where the great verbal themes of existence take root once and for all (...). It is the Authority of style, or *the absolute link of language and its flesh double,* that imposes the writer as a freshness beyond history (...). The formal identity of the writer is finally established only outside the setting of the norms of grammar and the constants of style, where written continuity, first gathered and enclosed in a perfectly innocent linguistic nature, is finally going to become a total sign, the choice of a human behavior... » (Barthes.)

40. « I find it convenient to call "Diversity' all that which until today, was called strange, unusual, unexpected surprising, mysterious, amorous, superhuman, heroic, and even divine. All that which is Other. » (Victor Segalen, *Essai sur l'exotisme,* livre de poche, 1986.)

« Diversity which is not chaos or sterility, is the effort of the human mind toward a transversal relation, without any universalist transcendence. Diversity needs the presence of peoples, not as an object to sublimate, but as a project to relate. As Sameness began with the expansionist plundering in the West, Diversity saw the light of day with the armed political violence of peoples. As sameness reaches a peak *in* the ecstasy of individuals, Diversity is spread by the momentum of communities. As Otherness is the temptation of Sameness, Wholeness is the demand of Diversity. » (Glissant.)

41. « Even as a hypothesis, totality becomes easily totalitarian when it doesn't take *beings* into account. » (Glissant.)

42. « In fact, a form is esthetically valid precisely when it is considered from and understood according to many perspectives, when it manifests a great variety of aspects and resonances and still remains itself. » (Eco.)

43. « Let us begin with admitting this impenetrability. Let us not flatter ourselves for assimilating customs, races, nations, others; but on the contrary let us take pleasure in never being able to assimilate them; for then we will eternally secure the pleasure of feeling Diversity. » (Segalen.)

« The transliteration of works of arts operates according to rules which change so much that one does not really know how to express them. Some writers who might appear as hardly exportable because of the heavy foreign accent they keep even in the best translations, or because they owe their singularity to their narrowly local conditions of life and creation, end up crossing the borders easily, and spreading in the vast world – sometimes at once, sometimes, on the contrary, well before they were recognized and understood in their national boundaries (as was the case for Kafka...). Other writers, on the other hand, who appear to be addressing men everywhere, thanks to a work devoid of local coloring and subtle idiotisms, stall indefinitely at the gates of the Universal Library and find no reception, not even from their nearest neighbors. » (Marthe Robert, *Livre de lectures*, Grasset, 1977.)

44. « Unity represents itself to itself only in diversity. » (Segalen.)

Œuvres (suite)

ÉMERVEILLES. *Illustrations de Maure, 1998 (« Giboulées »).*

ÉLOGE DE LA CRÉOLITÉ, avec Jean Bernabé et Raphaël Confiant, *essai,* 1989.

ÉLOGE DE LA CRÉOLITÉ / *IN PRAISE OF CREOLENESS,* avec Jean Bernabé et Raphaël Confiant, *essai,* 1993. Édition bilingue.

Chez d'autres éditeurs

MANMAN DIO CONTRE LA FÉE CARABOSSE, *théâtre conté, Éd. Caribéennes, 1981.*

AU TEMPS DE L'ANTAN, *contes créoles, Éd. Hatier, 1988. Grand prix de la littérature de jeunesse.*

MARTINIQUE, *essai, Éd. Hoa-Qui, 1989.*

LETTRES CRÉOLES, *tracées antillaises et continentales de la littérature, Martinique, Guadeloupe, Guyane, Haïti, 1635-1975, en collaboration avec Raphaël Confiant, Éd. Hatier, 1991.*

GUYANE, TRACES-MÉMOIRES DU BAGNE, *essai, C.N.M.H.S., 1994.*

RAPHAËL CONFIANT

Aux Éditions Gallimard

ÉLOGE DE LA CRÉOLITÉ, avec Patrick Chamoiseau et Jean Bernabé, 1988, *essai.*

ÉLOGE DE LA CRÉOLITÉ/*IN PRAISE OF CREOLENESS,* avec Patrick Chamoiseau et Jean Bernabé, 1993. Édition bilingue.

RAVINES DU DEVANT-JOUR, *récit,* 1993. *Prix Casa de las americas,* 1993 (« Folio », n° 2706).

UN VOLEUR DANS LE VILLAGE, *récit. Traduction de l'anglais du texte de James Berry* (« Page Blanche »), 1993. Prix de l'International Books for Young People 1993.

LES MAÎTRES DE LA PAROLE CRÉOLE, *contes,* 1995. Textes recueillis par Marcel Lebielle. Photographies de David Damoison.

LETTRES CRÉOLES. Tracées antillaises et continentales de la littérature. Haïti, Guadeloupe, Martinique, Guyane (1635-1975), avec Patrick Chamoiseau. Nouvelle édition, 1999 (« Folio essais », n° 352).

LE CAHIER DE ROMANCES, *mémoire,* 2000.

Voir aussi Ouvrage collectif : ÉCRIRE « LA PAROLE DE NUIT ». La nouvelle littéraire antillaise, *nouvelles, poèmes, réflexionx poétiques*, 1994. *Édition de Ralph Ludwig.* Première édition (« Folio essais », *n° 239*).

Aux Éditions du Mercure de France

LE MEURTRE DU SAMEDI-GLORIA, *roman*, 1997. Prix RFO (repris dans « Folio », *n° 3269*).

L'ARCHET DU COLONEL, *roman*, 1998 (repris dans « Folio », *n° 3597*).

BRIN D'AMOUR, *roman*, 2001.

Chez d'autres éditeurs

En langue créole

JIK DÈYÈ BONDYÉ, *nouvelles* (*Grif An Tè*), 1979.

JOU BARÉ, *poèmes* (*Grif An Tè*), 1981.

BITAKO-A, *roman*, 1985 (*GEREC*) ; traduit en français par J.-P. Arsaye, « Chimères d'En-Ville » (*Ramsay*), 1977.

KÔD YAMM, *roman* (*K.D.P.*), 1986 ; traduit en français par G. L'Étang, « Le Gouverneur des dés » (*Stock*), 1995.

MARISOSÉ, *roman* (*Presses Universitaires créoles*), 1987 ; traduit en français par l'auteur, « Mamzelle Libellule » (*Le Serpent à Plumes*), 1995.

En langue française

LE NÈGRE ET L'AMIRAL, *roman* (*Grasset*), 1988. Prix Antigone.

EAU DE CAFÉ, *roman* (*Grasset*), 1991. Prix Novembre.

LETTRES CRÉOLES : TRACÉES ANTILLAISES ET CONTINENTALES DE LA LITTÉRATURE, avec Patrick Chamoiseau, *essai* (*Grasset*), 1991.

AIMÉ CÉSAIRE. Une traversée paradoxale du siècle, *essai* (*Stock*), 1993.

L'ALLÉE DES SOUPIRS, *roman* (*Grasset*), 1994. Prix Carbet de la Caraïbe.

COMMANDEUR DU SUCRE, *récit* (*Écriture*), 1994.

BASSIN DES OURAGANS, *récit* (*Les Mille et Une Nuits*), 1994.

LA SAVANE DES PÉTRIFICATIONS, *récit* (*Les Mille et Une Nuits*), 1994.

CONTES CRÉOLES DES AMÉRIQUES (*Stock*), 1995.

LA VIERGE DU GRAND RETOUR, *roman* (*Grasset*), 1996.

LA BAIGNOIRE DE JOSÉPHINE, *récit* (*Les Mille et Une Nuits*), 1997.

RÉGISSEUR DU RHUM, *récit (Écriture)*, 1999.

LA DERNIÈRE JAVA DE MAMA JOSEPHA, *récit (Les Mille et Une Nuits)*, 1999.

Traductions

AVENTURES SUR LA PLANÈTE KNOS d'Evans Jones, *récit traduit de l'anglais (Éditions Dapper)*, 1997.

Travaux universitaires

DICTIONNAIRE DES TITIM ET SIRANDANES. Devinettes et jeux de mots du monde créole, *ethnolinguistique (Ibis Rouge)*, 1998.

KRÉYÔL PALÉ, KRÉYÔL MATJÉ... Analyse des significations attachées aux aspects littéraires, linguistiques et socio-historiques de l'écrit créolophone de 1750 à 1995 aux Petites Antilles, en Guyane et en Haïti, *thèse de doctorat ès-lettres (éditions du Septentrion)*, 1998.

Composé et achevé d'imprimer
par l'Imprimerie Floch
à Mayenne, le 4 septembre 2002.
Dépôt légal : septembre 2002.
1ᵉʳ dépôt légal : avril 1993.
Numéro d'imprimeur : 55084.

ISBN 2-07-073323-8 / Imprimé en France.